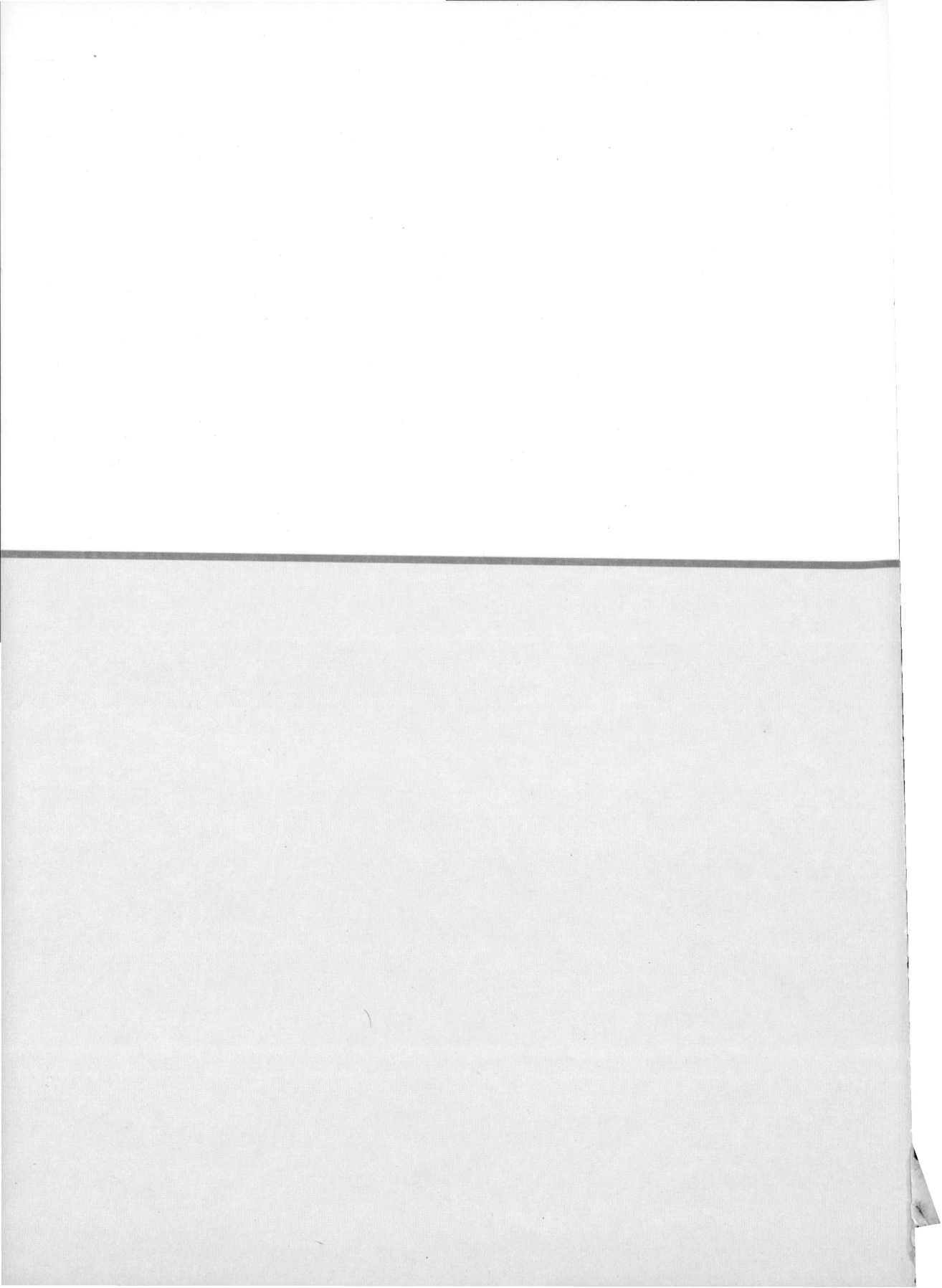

# 指数投资

## （第二版）

何天翔　著

厦门大学出版社　国家一级出版社
XIAMEN UNIVERSITY PRESS　全国百佳图书出版单位

# 推荐序

我与天翔相识于七年前的一次论坛，当时他在联合证券研究所做研究员，他前沿的研究内容和严谨的工作态度给我留下了深刻的印象。去年看到这本书的第一版时，我惊喜之余又甚感欣慰。今年春节他告诉我要出第二版了，并邀请我作序，我便欣然答应。

基于作者多年的投资和研究经验，《指数投资》这本书兼具深度与广度，将理论与实践紧密结合，无死角地涵盖了指数投资的各方面内容，既是对指数投资的全面深入总结，又有许多令人耳目一新的观点。书中的大量图表，在为作者提供丰富数据支持之余，更进一步提高了文章的可读性。另外，天翔勤奋专注的精神令我感动。基金经理的日常工作紧张而忙碌，要抽出时间来写书，想必是牺牲了许多业余时间，这显然需要热情、定力和坚持。所以，作者值得鼓励，本书值得推荐。

近年来，量化投资快速全面发展。作为量化投资的一部分，指数投资的市场关注度和影响力逐年提升，不时有爆款指数基金出现。对资本市场而言，指数投资具有重要的意义：首先，指数投资多属于长期投资，有利于稳定市场；其次，指数投资是投资者分散风险的重要手段；再次，作为低成本、低费用的金融产品，指数基金把经济增长和股市的长期整体收益，以公开透明的方式分享给投资者。

本书最大的创新点在于，它是对指数投资整个行业的全面深入总结，可谓是这一行业的"红宝书"。在第二版中，我看到作者又增加了几章全新的内容，还附录了中国指数投资大事记，也算为这个行业增添了一份重要档案。

近年来，金融工程、量化投资和指数投资等方向在高校中也备受追捧,相关的论文成果和学术交流也层出不穷。如何将高校研究和投资实践相结合是一个值得深入思考的问题,而这本来自投资界一线的书就是一个好的结合范例。我在厦门大学图书馆也看到了这本书,相信对有志于此的年轻学子来说,这将是启蒙之书,甚至是点睛之书。

"路漫漫其修远兮,吾将上下而求索。"金融工程与量化投资是一个充满挑战和无限可能的领域。我真诚地希望天翔同学能继续保持这份热情与专注,持之以恒、砥志研思,在金融工程与量化投资领域御风而上、再攀高峰。

郑振龙
厦门大学国务院学科评议组成员、教授、博导
2016 年 2 月于厦门大学

# 第二版推荐序

《指数投资》问世一年之后，听闻何天翔的《指数投资》第二版很快又要出版了，略感意外的同时倍感欣喜。作为校友，拜读新作之后感觉师弟在指数投资的研究和思考上又进入一个新的阶段，对他在专业领域取得的新成果表示由衷的祝贺；作为同行，感觉天翔在繁忙的基金经理日常工作之余，为投资者和整个行业又做了一件颇有意义的事。

天翔的这种耐心和专注在行业内应该是不多见的，为什么这么说？第一，证券行业的从业人员身处一个浮躁的市场环境，情绪不可避免地跟随市场上下起伏，每天按分钟计算投资盈亏，在这种环境下能静下心来写书的人是很难得的，这么多年下来，我认识的从业人员当中何天翔是第二个；第二，国内投资领域的专业书籍本来就不算多，更何况是在指数投资这么寂寞的一个专业领域，而且还是第二版，即使是在指数投资已经非常成熟的海外市场，我了解的专业化指数投资书籍也是不多见的，这本新书是比较贴近海外市场发展步伐的，也是领先于国内行业发展的，也充分显现了作者在细分专业领域的专注和坚持；第三，因为市场变化太快，这个行业从业人员普遍善于学习和更新知识，但愿意毫无保留地将自己多年经验和积累与大家共享的人是不多见的，这需要有一定的奉献精神，也需要超越普通投资者的视野和眼光，这本书对指数投资行业的意义显然超过了基金经理的工作范围和从业生涯，体现了作者的耐心和执着；第四，天翔从今年 2 月就和我联系写序一事，结果一拖就是半年，如果因为我的原因耽搁了这本书和大家见面的时间，真是非常惭愧，也为天翔的耐心等待所折服，换成是我早就另谋他序了。

　　虽然这些年指数投资在海外成熟市场发展依然如火如荼，但国内指数投资的发展并不是一帆风顺的。作为市场整体收益的代表，指数投资这十几年的发展是整个证券市场发展的一个的缩影，记录了中国证券市场这些年的风雨起伏。因为本人入行时间较早，所以从业这些年也有幸见证了这个过程。《指数投资》某种程度上也唤起我对过往从业经历的一些回忆和共鸣，感受颇为复杂，很难用单薄的文字概括。指数投资领域整体更像是一个生态环境，一个良好生态环境的循环发展进化显然不是一个单纯因素就能够决定的，需要外围环境的改善、需要各种因素配合、需要这个生态环境各个参与方的共同努力和协调发展。从这个角度思考，未来指数化投资的发展还是会面临各种问题和挑战，解决好了，这个行业必然迎来新的发展和新的机会。整体而言，我对中国证券市场未来向市场化、专业化、机构化和国际化方向发展能够给指数投资带来的新机遇充满了想象和期待。

　　"未来不迎，当时不杂，即过不恋"，虽然很难，但这么多年一直以此反思自己的工作和生活，也借此与大家共勉。第一次写序，没什么经验，如果能为各位同行和投资者阅读此书提供一点背景和参考就感到欣慰了。感谢何天翔的热情邀请和耐心等待，希望更多的人能接触到这本书，希望作者的坚持和耐心最终能开花结果。

易方达基金指数与量化投资部总经理 林飞

2016 年 7 月 25 日，广州

## 我们需要指数基金的十大理由

　　融通基金的何天翔同学担任指数基金经理经年。工作之余,勤于思考;忙里偷闲,写就此书;邀我作序,遂有此思:

　　一、中国证券市场缺乏一整套能够科学、细致、完整地刻画市场的指数体系及指数基金体系。这导致我们线性地、习惯性地非牛即熊地评论中国的股票市场。有人把在 A、H、N 股上市的代表中国先进生产力的股票编成指数,自 2012 年以来一直表现优异;而代表落后生产力的股票指数在更早时间已经处于熊市当中。2000 年到 2010 年,是中国重化工业化、城市化的十年,这十年中,也是汽车、房地产以及钢铁、水泥等股票大放异彩的十年。2010 年到 2020 年的十年,市场的主线条已经昭然若揭:先进生产力的股票指数可以告诉你过去 5 年及未来 5 年的秘密。

　　二、中国居民家庭资产配置中 60% 是房地产。这当然是拜过去十几年中国火热的房地产所赐。可以预见,未来十年居民家庭资产配置中,房地产的比例一定会下降,而股票的比例一定会上升,指数基金将是居民家庭资产配置的必然之选。

　　三、随着人民币国际化,中国资本项下的双向开放在即。在 QFII 机制之下,进入中国 A 股的资金基本上采用另类投资策略,但一旦人民币自由兑换,中国资本市场管制完全放开,海外的长期资金(养老金、保险资金)必将进入中国。与热钱炒作不同的是,这些长期资金更多地是从资产配置的角度投资 A 股市场，指数基金是他们惯用的资产配置工具。

四、中国现有的指数体系还很不完整，市场贝塔的刻画颗粒度还很粗。行业指数不完备，风格指数刚兴起，导致指数基金管理者无法提供细分贝塔、优化配置的工具，指数基金这类贝塔产品的发展前景广阔。

五、随着量化投资方法的发展，指数的构建方法也在进步。不仅出现了 smart beta 指数，甚至还出现了另类指数。我相信，随着大数据分析方法的优化，指数的编制方法近几年还会有革命性的变化，新型的指数基金也将涌现。

六、在互联网资产管理的时代进程中，互联网财富管理显现出两个发展方向：一是用众筹的方式，利用互联网平台做主题投资；二是用"Robo-Advisor（智能顾问）"人工智能的方式，利用互联网平台做指数基金（尤其是 ETF）投资。

七、中国改革开放以来前 30 年的财富积累，主要由"中国大妈"所享有；"大妈"们的财富来自体制、机制的红利及房地产的升值，因此其理财风格多属于"炒买炒卖"的机会主义。而往后的 30 年中国的财富积累将由多属职业经理人的"中国小白"来完成。"小白"们已经没有了"机会主义"的财富积累机会了。资产配置、理性投资将是他们的投资风格。

八、随着中国资本市场的深化，FICC（固定收益、商品、货币）将是中国投资银行的必选道路。而成熟的 FICC 业务模式是建基在一个成熟的金融衍生品市场体系上的。尤其是场外的、非标准化的金融衍生品体系。而各种指数化投资工具，恰是这种场外、非标准化金融衍生品市场必备的另类风险管理工具。

九、中国多层次资本市场体系的建设日趋完备，三板、四板甚至于以众筹为平台的"五板"市场已初成架构。而作为主板市场的沪、深交易所，相较于其他层次的交易所，其中一个新方向就是发展新的交易品种，而交易所交易指数基金将是未来仅次于股票的第二大上市品种，从新增上市品种的比例上来看,其重要性一点也不亚于股票的挂牌上市。

十、在中国基金业协会登记的公私募基金管理人已超过 13 000 家,接近一半是从事证券投资业务。如何做出每家公司的特色和专长,日益成为行业领袖及公司高管的"头条问题"。而一个具有广度和深度的指数基金体系,是资产管理机构个性化、专业化、特色化选择的基础条件之一,甚至是最核心的基础条件。

何天翔同学职于指数基金经理,著就《指数投资》一书。叹暮鼓晨钟之修为,赞行勤思精之执着!

唯思考者方有远方! 与何天翔同学共勉!

肖　风

2015 年 7 月 1 日

# 第二版自序

第一版出来的时候，我带着书去拜访肖风总，肖总鼓励我说，这本书有价值，是对行业的一个总结，如果以后每隔一段时间能够更新、完善的话，就可能成为行业的一份档案，不断地修订下去，就会越来越有价值。听大佬一席话，胜读十年书！我犹如醍醐灌顶，心中的小世界瞬间提升了一个高度。这是我要写第二版的第一个原因。

第二个原因是，经过 2015 年中国股市的大幅波动之后，投资者开始重新思考市场，重新调整投资理念和标的，在指数领域也需要新思考。我把自己对相关方面的肤浅思考，总结了出来，新增了三章：第一章指数基金、第八章指数投资实战、第九章投资大师谈指数投资，指数投资创新方向一章中增加了 smart beta 的实证案例和 VIX 指数，最后增加了附录——中国指数投资大事记。

再向大家汇报一下关于本书的思想历程，（1）起初的想法：我习惯于把日常的思考和研究写下来，指数投资是其中的重要部分，后来我发现这些书面记录有差不多几百页，就把这些整理成了一份略成体系的稿子，算是对自己工作的总结和经验的累积。（2）当基金经理后的想法：就是进行投资者教育。就像第一版自序中写的"指数产品不断丰富和创新的同时，投资者也挑花了眼，作为一线投资工作者，我们有责任为投资者提供更多更便捷的了解指数投资的通道，而这也是本书写作的目标和动力。"让投资者更好地了解基金产品，是每一个从业者的愿望，所以，在和很多前辈们交流后，我决定把稿子重新整理后出版，并命名为《指数投资》。（3）出版后的想法：第一版出版后，肖风总给了我极大的鼓励，他的一番话令我感悟，我决定了要出第二版，因为这有可能是对中国指数投资行业的记录和传承,虽然自己的能力水平有限,但我应该去尝试。(4)今后的想法:为推动指数投资行业发展尽微薄之力。指数投资显然已成主流投资之一,无论是从市场影响力、规模地位、投资者层次、理论发展,还是从实际投资看,指数投资都在快速发展,并且在未来还将有很大的发展空间,需要大家一起努力,所以,我愿意尽自己的绵薄之力,传播指数投资,推动指数投资。

但我深知自己对指数投资的认识和理解仍有许多不足,我愿意谦虚、勤奋、诚恳地去学习、思考、交流、总结,也真诚地欢迎大家不吝赐教!

第二版能够面世,我要感谢的人更多了,感谢家人对我的一贯支持,感谢肖风总、郑振龙教授、林飞总百忙中作序推荐,感谢所有支持和关心我的前辈们、专家们、朋友们,感谢融通基金的领导和同事们,感谢厦门大学出版社蒋东明社长和吴兴友编辑。

最后,祝福中国指数投资更上一层楼!

何天翔

2016 年 3 月

# 自　序

　　中国的指数基金常常能够做到极致,比如 ETF 和分级基金。极致背后是指数基金的品种、数量和规模的迅速增长,2014 年年底,股票指数型基金规模超过5 000亿元,占股票型基金的比例已经超过 40%,这一比例已经超过多数市场。指数产品不断丰富和创新的同时,投资者也挑花了眼,作为一线投资工作者,我们有责任为投资者提供更多更便捷的了解指数投资的通道,而这也是本书写作的目标和动力。

　　本书共六章,分别是指数,指数投资的历史与发展,指数投资的五大要素,ETF 投资,增强型指数投资,指数投资创新方向。如果能勉强算是创新的话,本书的创新之处在于:(1)系统地阐述指数投资方法和实际操作,揭秘指数投资;(2)运用海内外大量的数据和实例,增强可读性;(3)从产品、投资和团队等角度浅析未来指数投资创新的方向。

　　本书也存在很多的不足,指数投资早已不是复制组合那么简单,创新无所不在,一切都在革新甚至颠覆,相比之下本书中创新的内容不够多。伴随着创新,学习和理解这些创新产品的难度也在增加,帮助投资者去理解和使用这些产品也是我们的职责所在,而本书中图表和语言的通俗性和简练性也有待提升。这些都是我要不断思考,不断实践,不断学习提升的方向。

　　本书能够面世,我要感谢的人非常多,感谢家人一直以来的温暖和支持;感谢曾经工作过的联合证券及所有同事们,我在那里喜欢上投资;感谢现在工作所在的融通基金及所有同事们,我在这里努力去学做投资;感谢金融投资这个说大不大说小不小的圈子里的前辈们和小伙伴们,我在这里倾听、感悟投资;感谢肖风总百忙中为本书作序,并给了我很多宝贵建议；感谢厦门大学出版社蒋东明社长和吴兴友编辑。

投资是一条漫长而又充满美景的路，能够和大家一路前行是我最大的荣幸，而这本书就算是我的旅行相册，拍得不好，却满怀真诚。

何天翔

2015 年 3 月

# 前 言

　　指数投资以被动、公开透明、低成本、便于交易等特征闻名，成为主流基金品种之一，股神巴菲特就曾多次公开推荐指数基金。截至 2014年年底，国内指数基金在权益类基金中的占比约 25％（近 5 000 亿元），2014 年指数分级基金迅速发展到了 1 500 亿元的规模，更强烈吸引了市场对指数投资的关注。但目前市场上，关于指数投资的书还很少，或者比较偏向于学术理论。本书的主要特色在于，结合实际投资，构建一本既易懂，又专业的指数投资书籍。主要内容有：

　　1. 实践结合理论：系统介绍指数与指数投资的相关知识，包括指数与指数编制、指数投资的海内外历史与发展、普通指数投资、ETF 投资、增强指数投资、指数分级投资等大类领域，涵盖指数投资的方方面面。

　　2. 数据实例：通过大量的海内外数据和实例，更直观和详实地揭示指数投资的各个方向和细节，包括市场案例、公司案例、投资案例、风险案例等，让读者身临其境。

　　3. 创新方向：从产品、投资、团队等多个角度，预判未来指数投资存在哪些创新发展的机会，寻找指数投资的新方向。

何天翔

2015 年 1 月

# 目　录

# 第一章

**指数基金**

# (一)什么是指数基金

指数基金通常是指,以其所跟踪的标的指数为投资标的,以标的指数的成分股组合为投资对象,以指数复制为投资手段,以追踪标的指数表现为投资目标,通常更加强调以跟踪误差进行评估的一种基金产品。

我们列举了一些指数基金的常见问答,如下:

1.指数基金一般持有多少只股票?

可以有几十只,几百只,甚至上千只,这取决于指数基金所跟踪指数的成分股数量,以及复制方法。如上证 50 指数的成分股是 50 只,深100 指数的成分股是 100 只,而上证综指的成分股数量已经超过 1 000只,而美国的罗素 2 000 指数成分股则高达 2 000 只;完全复制的指数基金持有股票数量与成分股数量一致,而不完全复制的通常则少于成分股数量。

2.指数基金的风险如何?

指数基金的风险收益与标的指数接近,与个股或混合型基金相比较,指数基金的风险要小于个股,但通常大于混合型基金。

3.指数基金都是采用被动投资方式吗?

指数基金并非完全等同于被动投资,增强型指数基金就融合了一定比例的主动投资。随着指数投资的不断创新和发展,主动投资思想和策略被越来越多地运用进来,如 smart beta(聪明的贝塔)、active index(积极型指数)。

4.投资指数基金就是长期投资？

从巴菲特先生的角度看,指数投资是长期投资美国市场的最好工具,但不代表指数投资只能做长期投资,ETF 等交易型指数产品也为中短期交易指数提供了工具。

指数基金可以从很多个角度进行分类,按照投资标的可以分为股票指数、债券指数、商品指数、基金指数等(见图 1-1);按照投资市场可以分为单交易所指数、跨交易所指数、海外指数、全球指数等(见图 1-2);按照股票标的细分为规模指数、风格指数、行业指数、主题指数、策略指数、另类指数等见(见图 1-3);按照产品形式可以分为指数 ETF、普通指数基金、增强指数基金、指数 LOF、指数分级基金、创新型指数基金等(见图 1-4);按照基金的风险收益水平又可以划分为不同级别,具体请参见图 1-5。

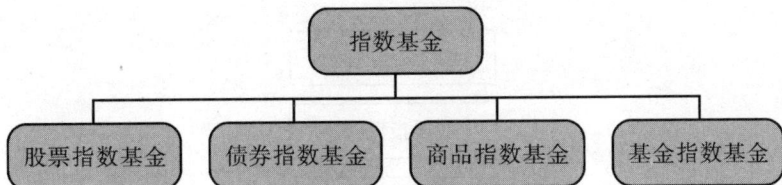

图 1-1　按照投资标的分类

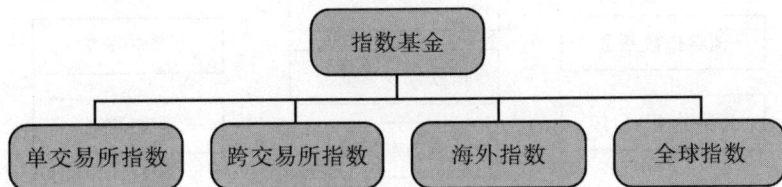

图 1-2　按照投资市场分类

```
                        ┌──────────┐
                        │  指数基金  │
                        └──────────┘
        ┌──────┬──────┬──────┼──────┬──────┬──────┐
    ┌──────┐ ┌──────┐ ┌──────┐ ┌──────┐ ┌──────┐ ┌──────┐
    │规模指数│ │风格指数│ │行业指数│ │主题指数│ │策略指数│ │另类指数│
    └──────┘ └──────┘ └──────┘ └──────┘ └──────┘ └──────┘
```

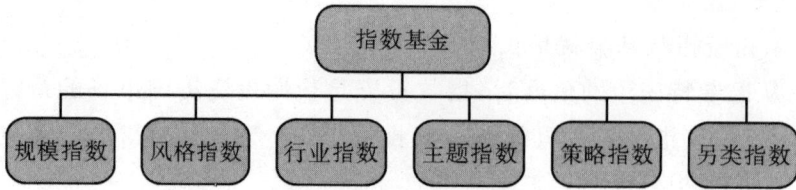

图 1-3　按照股票标的细分

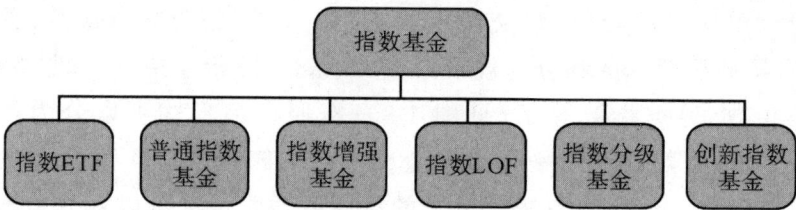

```
                        ┌──────────┐
                        │  指数基金  │
                        └──────────┘
        ┌──────┬──────┬──────┼──────┬──────┬──────┐
   ┌──────┐ ┌──────┐ ┌──────┐ ┌──────┐ ┌──────┐ ┌──────┐
   │指数ETF│ │普通指数│ │指数增强│ │指数LOF│ │指数分级│ │创新指数│
   │      │ │ 基金 │ │ 基金 │ │      │ │ 基金 │ │ 基金 │
   └──────┘ └──────┘ └──────┘ └──────┘ └──────┘ └──────┘
```

图 1-4　按照产品形式分类

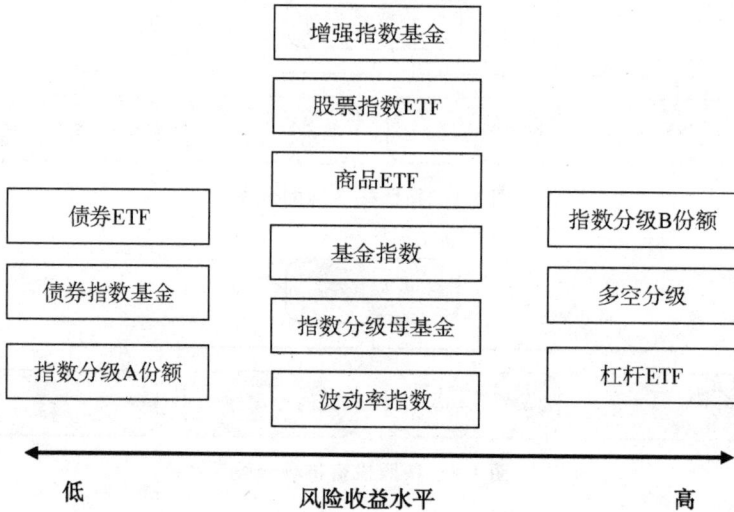

```
                    ┌──────────────┐
                    │  增强指数基金  │
                    └──────────────┘
                    ┌──────────────┐
                    │  股票指数ETF   │
                    └──────────────┘
   ┌──────────┐     ┌──────────────┐      ┌──────────────┐
   │  债券ETF  │     │   商品ETF     │      │ 指数分级B份额  │
   └──────────┘     └──────────────┘      └──────────────┘
   ┌──────────┐     ┌──────────────┐      ┌──────────────┐
   │ 债券指数基金 │    │   基金指数     │      │   多空分级     │
   └──────────┘     └──────────────┘      └──────────────┘
   ┌──────────┐     ┌──────────────┐      ┌──────────────┐
   │指数分级A份额 │    │ 指数分级母基金  │      │   杠杆ETF     │
   └──────────┘     └──────────────┘      └──────────────┘
                    ┌──────────────┐
                    │  波动率指数    │
                    └──────────────┘

   ◄────────────────────────────────────────────────►
    低            风险收益水平                    高
```

图 1-5　按照产品风险收益分类

# （二）指数基金的特点

指数投资的特点和优势已为市场和投资者广为熟知，主要包括分散风险、低成本、透明、长期投资、自我更新等。

## 1.分散风险

相对于个股，指数由于持有一揽子股票组合而分散了风险，我们统计了 2015 年深 100 指数及其成分股的风险和收益数据，其中成分股数据分别取了中位数值和均值，发现：（1）成分股的波动率约 60%，而指数只有 40%，即个股风险要显著大于指数，指数很好地分散了风险；（2）指数的收益率高于成分股中位数收益率，但低于成分股平均收益率；（3）从收益比风险指标看，指数的风险调整收益仍然高于成分股（见表 1-1）。

表 1-1　深 100 指数及其成分股收益风险（2015 年）

|  | 年收益率 | 年化波动率 | 收益/波动 |
|---|---|---|---|
| 深 100 指数 | 21.80% | 40.51% | 0.54 |
| 成分股（中位数值） | 20.97% | 60.37% | 0.35 |
| 成分股（平均值） | 29.51% | 60.45% | 0.49 |

## 2.低成本

指数基金是最低成本的权益类基金,成本主要包括管理费用、托管费、交易费用等方面。

表1-2统计了2015年600只主动基金和449只指数基金的管理费、托管费数据,其中,指数基金的平均管理费率是0.73％,不到主动基金1.5％的一半,指数基金的托管费率也更低,管理费和托管费合计起来,指数基金只有主动基金的一半。

表 1-2  主动基金与指数费率比较（2015 年）

|  | 主动型基金 | 指数基金 |
| --- | --- | --- |
| 数　　量 | 600 | 449 |
| 管理费率 | 1.50％ | 0.73％ |
| 托管费率 | 0.25％ | 0.15％ |
| 合　　计 | 1.75％ | 0.88％ |

交易费用是指基金在组合调整时买卖证券而发生的交易佣金等费用,由于指数基金所跟踪的指数组合一般是长期持有策略,每次成分股调整的数量和比例通常也控制在一定范围内,所以指数基金的交易费通常要远远低于主动管理基金,尽管每年的绝对差异并不大,但从长期投资的角度看,由于复利效应会产生较大影响。

## 3.透明

指数基金作为一种清晰透明的投资工具,其透明主要体现在:

（1）耳熟能详是一种透明,上证综指、沪深300、深100等指数是大

众熟知的指数,通过行情软件就可以实时地看到指数的走势;

(2)指数编制、指数成分股及其调整都是透明的;

(3)指数组合的成分股权重和仓位都是基本透明的;

(4)指数的投资方向和投资目标是透明的。


### 4.自我更新

指数的内在结构是随着时代和市场的变化,而不断自我更新,并不是一成不变。指数通过既定的筛选方法,不断筛选出市场上最符合指数方向的股票出来。

我们用深100指数和沪深300指数的自我更新历程作为案例,深100指数成分股的结构从2003年到2015年发生了显著的自我更新:(1)重工业时代的传统行业的占比显著下降,如材料、工业、公用事业、能源等行业,其中材料行业比例由23.59%下降到6.53%,公用事业由10.24%下降到2.72%,能源由5.45%下降到0.45%;(2)新兴产业等代表转型和未来发展方向的行业占比不断提升,如金融、可选消费、信息技术、医疗保健等行业,其中金融行业比例由15.05%上升到24.25%,可选消费由14.48%上升到23.89%,信息技术由10.35%上升到21.83%。

深100指数通过自我更新,不断优胜劣汰,使得指数符合中国经济和结构的发展转变方向,使得深100指数能够及时有效地代表深圳证券市场的发展成果和趋势(见图1-6和表1-3)。

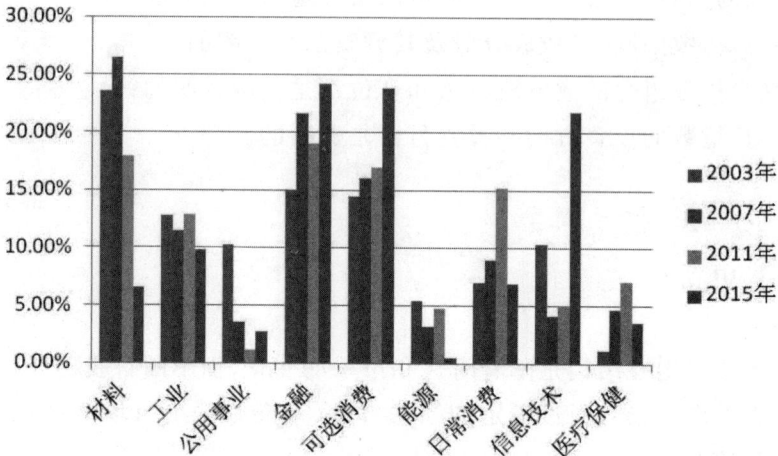

图 1-6　深 100 指数的自我更新

表 1-3　深 100 指数的行业结构变化

| | 2003 年 | 2007 年 | 2011 年 | 2015 年 |
|---|---|---|---|---|
| 材料 | 23.59％ | 26.44％ | 17.87％ | 6.53％ |
| 工业 | 12.74％ | 11.48％ | 12.86％ | 9.78％ |
| 公用事业 | 10.24％ | 3.54％ | 1.13％ | 2.72％ |
| 金融 | 15.05％ | 21.60％ | 19.02％ | 24.25％ |
| 可选消费 | 14.48％ | 16.07％ | 16.93％ | 23.89％ |
| 能源 | 5.45％ | 3.19％ | 4.73％ | 0.45％ |
| 日常消费 | 6.97％ | 8.92％ | 15.23％ | 6.94％ |
| 信息技术 | 10.35％ | 4.11％ | 5.09％ | 21.83％ |
| 医疗保健 | 1.12％ | 4.65％ | 7.13％ | 3.60％ |

　　类似的,沪深 300 指数也存在着显著的自我更新(见图 1-7 和表 1-4)。在美国市场,标普 500 指数也在自我更新。这种自我更新机制,往往是投资者不易观察到的,但却推动了指数的革新,保持了指数的活力。

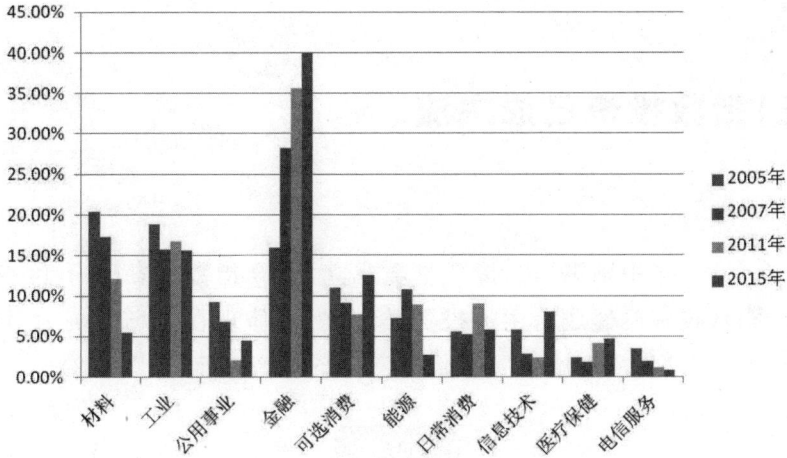

图 1-7　沪深 300 指数的自我更新

表 1-4　沪深 300 指数的行业结构变化

|  | 2005 年 | 2007 年 | 2011 年 | 2015 年 |
|---|---|---|---|---|
| 材料 | 20.41% | 17.32% | 12.15% | 5.45% |
| 工业 | 18.84% | 15.77% | 16.74% | 15.66% |
| 公用事业 | 9.26% | 6.85% | 2.07% | 4.48% |
| 金融 | 15.97% | 28.28% | 35.67% | 39.91% |
| 可选消费 | 10.99% | 9.08% | 7.72% | 12.57% |
| 能源 | 7.29% | 10.80% | 8.89% | 2.66% |
| 日常消费 | 5.56% | 5.27% | 9.01% | 5.77% |
| 信息技术 | 5.84% | 2.85% | 2.37% | 7.98% |
| 医疗保健 | 2.34% | 1.86% | 4.17% | 4.72% |
| 电信服务 | 3.51% | 1.91% | 1.20% | 0.80% |

## （三）指数投资已成主流

自 2002 年中国第一只指数基金成立，至今指数投资已有 14 年的历史，指数投资已经成为主流投资类型之一，体现在市场影响力、规模地位、投资者层次、理论发展和基金公司布局等方面（见图 1-8）。

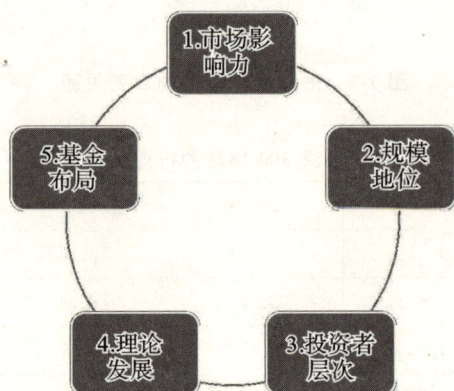

图 1-8　指数投资已成主流的五大原因

### 1.指数投资的市场影响力不断提升

2007、2008 年的时候如果问一个人："你知道哪些指数？"可能多数人只知道一个指数，就是上证指数，可是到今天，随便一个人都能说出好几个，甚至十几个来，比如上证 50、沪深 300、中证 500、创业板指数、中小板指数，还有很多行业和主题指数，比如军工、证券、环保、医药等等,说明指数已经是耳熟能详,已经占据了投资者的入口。

另一个例子,指数成分股的调整越来越引起大家的关注,最近比较热的,就是 MSCI 可能把 A 股加入进去,图 1-9 分别展示了 MSCI 全球指数和 MSCI 新兴市场指数中预期的 A 股占比,其中,全球指数里面 A 股占比大约 2%,新兴市场指数里面 A 股占比大约15.7%,占比确实不小,说明了指数投资影响力的提升,也说明了 A 股在全球指数投资界具有重要意义。

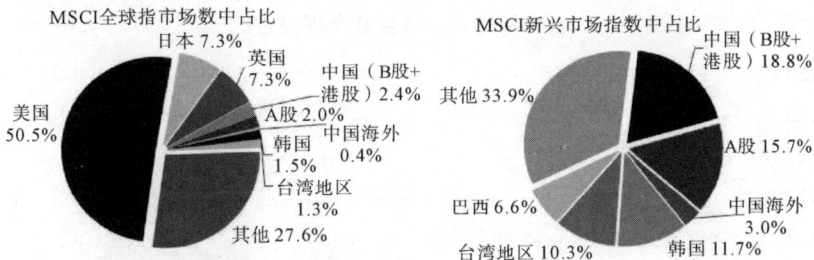

**图 1-9　MSCI 指数中 A 股预期比例**

数据来源:海通证券,2015 年

再一个例子,指数组合调整和交易会对市场产生影响,比如沪深 300 指数在 6 月份和 12 月份有一定比例的定期调整,通常调出的股票会有负的超额收益,调入的有正超额收益,这就会对相关的股票和交易策略带来影响。

## 2.指数投资的规模占比持续上升

指数基金在权益型基金中的占比持续在增大,目前这个占比大概 15%,而 2008 年的时候只有 7% 左右,增长速度非常快(见图 1-10),比美国市场增长还要快,美国的指数基金与股票型基金占比从 2000 年的 9.5% 上升到 2014 年底 20.2%,但从这个比值看,似乎中国指数基金还有不小的空间。

A 股市场从历史上看是高波动率市场,沪深 300 指数过去几年波动率在 20％以上,高的时候 40％以上,这种高波动特别是牛市推动了指数投资的快速增长,而美国是低波动市场,长期投资者的占比更高,如果未来我们的市场波动降下来,指数形成慢牛,那指数基金的占比可能会增长得更快,因为稳定型牛市会吸引更多的长期投资者投资指数基金。

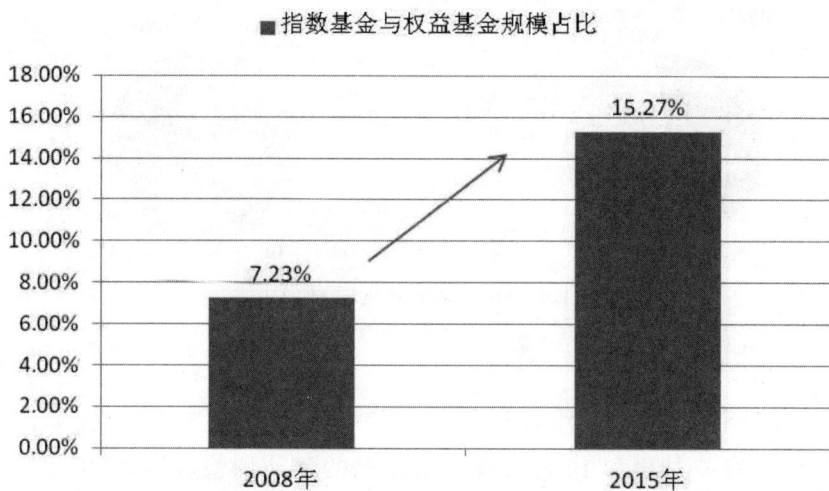

指数基金与权益基金规模占比

图 1-10 中国指数基金与权益基金规模占比变化

数据来源:wind 资讯

## 3.丰富的投资者层次

指数基金的投资者几乎包括了所有类型的投资者,包括国家资金、保险资金、私募、QFII、家庭和个人投资者。

大型 ETF 和指数基金的持有人中,往往有国家资金的身影,如中央汇金。社保和保险资金也会配置这些基金,由于这些基金代表了整体市场的走势,也具有较好的流动性,同样也吸引了 QFII 等海外资金。

指数产品的多样化,加上衍生品的逐渐发展,吸引了大量私募等资产管理机构参与进来,包括量化交易、对冲、套利等投资模式。

家庭和个人投资者是指数产品的重要客户,并且在未来愈加重要,从人口的历史自然规律看,中国的一个人口高峰是"80 后",在未来十年,这些人的收入逐渐进入高峰期,积累的大量家庭和个人资金必然带来投资需求,金融资产包括基金类资产是必然选择之一,而指数基金也会是比较好的选择。

## 4.指数投资的理论发展不断深入,推动实践创新

如果一个事物在前进的过程中,没有或比较少有理论指导,那就说明没有进入良性循环的阶段。指数投资则已经进入了良性循环,越来越多的学术研究、理论研究和实际投资在不断迭代,典型例子的就是有关指数投资的书籍不断面世。实际中,创新型的指数基金产品也层出不穷。这就是指数投资的良性循环发展。

## 5.基金公司布局

2015 年年底,全市场指数基金数量 400 多只,总规模约 5 000 亿元,而 103 家已发行基金公司中,67 家布局了指数产品,其中,大中型公募基金公司几乎全部布局指数产品,也占了市场份额的绝大部分,但是部分新基金公司也依然以指数为突破口,并且一些新基金公司主打指数基金。

　　另外还有一个说明指数投资已成主流的例子,就是关于主动投资和被动投资的争论越来越少了,相反,主被动投资相互融合、优势共享的投资理念逐渐形成,并在相关产品中崭露头角。

第二章

**指　数**

　　指数是指数投资的先决条件，要理解指数基金产品就必须先了解指数。早期的指数主要是覆盖市场宽基，并以平均价格加权或市值加权，如道琼斯指数和标普指数，这些老字号指数孕育了最早一批的指数基金，许多巨无霸指数基金也诞生于此，这些老字号指数历史悠久，名扬天下。

　　随着股票市场的发展，以及指数投资的不断演进，越来越多的指数被开发出来，不仅仅只在宽基指数，风格、行业、主题、策略、市场等指数陆续诞生并日益丰富，加权方式也不仅仅是平均价格或市值加权，基本面加权、等权、分层加权、波动率加权、GDP 加权等更加聪明的加权方式应运而生。

　　本章还将介绍指数基金开发的标的选择方法，以及国内外典型的指数公司。

# （一）指数——股票指数

　　我们首先对指数，尤其是股票指数进行描述。指数是根据资产价格报告期和基期的比较值计算出来，用以反映资产价格变动方向和水平的统计指标。在金融投资市场，根据投资范围和资产类别的不同，指数的种类也十分繁多，包括股票类指数、固定收益类指数、基金类指数、商品类指数、定制类指数、海外指数等等。其中，股票类指数是最常见的一类指数，如大家耳熟能详的上证综指（代码 000001）、沪深 300 指

数(代码 000300)、深证 100 指数(代码 399330),这三个指数属于股票
类指数中的宽基股票指数。实际上,股票类指数包括众多细分类别,从
股票资产范畴上分为:市场宽基指数、风格指数、行业指数、主题指数、
策略指数等;从加权方法上分为:市值加权指数、基本面加权指数、等权
重指数、分层加权指数等(见图 2-1)。以上指数类别我们会在后文逐一
分析。

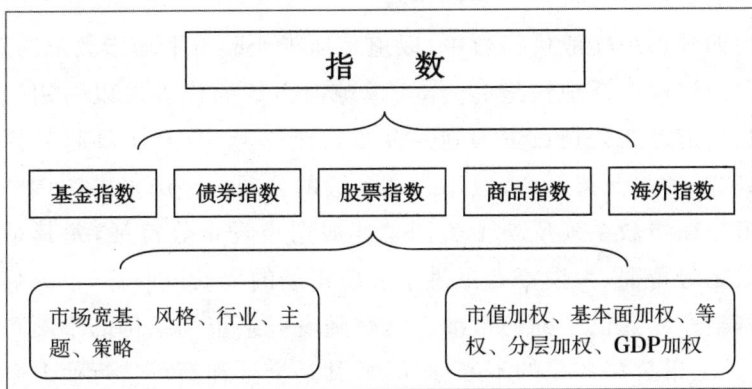

图 2-1 指数分类

道琼斯指数是大家最熟知的国外股票价格指数,也是世界上历史
最为悠久的股票价格指数,全称道琼斯股票价格平均指数。道琼斯指
数最早是在 1884 年由道琼斯公司的创始人查尔斯·亨利·道开始编
制的,最初的道琼斯指数是根据 11 种具有代表性的铁路公司的股票,
采用算术平均法进行计算编制而成,发表在查尔斯·道自己编辑出版
的《每日通讯》上。其计算公式为:

股票价格平均数＝入选股票的价格之和/入选股票的数量

道琼斯指数,实际上由四种价格指数构成,以在纽约证券交易所挂
牌上市的一部分有代表性的股票作为样本,分别是:

 • 以 30 家著名的工业公司股票为编制对象的道琼斯工业股价平

均指数；

- 以 20 家著名的交通运输业公司股票为编制对象的道琼斯运输业股价平均指数；
- 以 15 家著名的公用事业公司股票为编制对象的道琼斯公用事业股价平均指数；
- 以上述三种股价平均指数所涉及的 65 家公司股票为编制对象的道琼斯股价综合平均指数。

在四种道琼斯股价指数中，以道琼斯工业股价平均指数最为著名，它被大众传媒广泛地报道，并作为道琼斯指数的代表加以引用。道琼斯指数由道琼斯公司负责编制并发布。1928 年 10 月 1 日起其样本股增加到 30 种并保持至今，但作为样本股的公司已经历过多次调整。

道琼斯指数系列反映了美国整体股票市场走势特征，尤其是工商业股票走势特征，为投资者提供了股票市场的变动风向标，也为后来的共同基金产品提供了标的基准。但是随着股票市场结构的不断革新演进，以及上市公司数量的不断增加，尤其是金融和高科技行业股票的不断涌现，道琼斯指数渐渐劣后于 S&P（标普）系列指数对市场的代表性和投资性，后者成为当前美国乃至全球的最佳指数代表。

# （二）指数加权方式的革新

市值加权是大家最熟知的加权方式，但是市值加权无论在理论上，还是在实践中，都存在一定的不足之处，应付这些不足，相应地产生了基本面加权、等权重、GDP 加权、波动率加权等新型的指数加权方式。

## 1.一个例子:体现加权方式多样化的必要性

传统的指数设计是以市值作为投资组合加权的依据,被用来作为衡量投资业绩的基准,而并非是为投资者提供有效率的投资工具,当股票的市场价格不具效率时,传统指数则会失真,下面的逻辑与实例将会令我们强烈地感受到市值加权的缺陷!

传统指数以成分股市值作为权重,其权重变化过程如图 2-2。

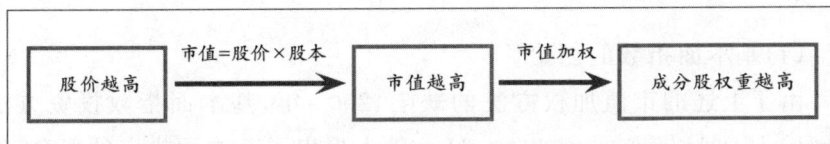

**图 2-2 市值加权方式的不足**

从图 2-2 中可以看出,股价变化会导致市值加权指数效率不佳:由于成分股股价可能偏离其真实价值,而使得指数组合过多买进价值被高估的股票和过多卖出价值被低估的股票,从而导致投资效率的丧失。

以 20 世纪 90 年代末为例,Cisco、Nortel、Nokia、Ericsson 等股票在指数中的权重发生了极大的变化! Cisco 从 1997 年到 1999 年,PE 由 30 倍涨到 130 倍,其在标普 500 指数中的权重由 0.4% 迅速上升至 4%。Nortel 的 PE 由 30 倍升至 100 倍,其在 TSX(多伦多证券交易所指数)中的权重也由 3% 涨到了 16%。而 Nokia 和 Ericsson 则更加离谱,在各自的市值加权指数中权重分别超过 40% 和 60%。个股权重的过高导致指数风险的加大,以及投资的低效率。

同样个股权重的集中也使得部分行业在指数中配置的超权重,而对某些国家或地区的权重高估,会对基于全球市场的指数造成同样的影响。

从本质上讲,市值加权是以价格来赋予权重的,而相对于价值,通常价格是围绕价值波动的,甚至是超大幅的波动,因而对于追求股票真实价值的投资者而言是很不合理的,所以,以价值为基准的基本面指数产生。更进一步对于那些波动率约束的投资者,波动率加权指数产生。同样的,GDP 加权的指数、等权重加权的指数也产生了。

下面,我们将逐个阐述除市值加权外的其他加权方式。

## 2.基本面加权

### (1)基本面指数的创始

由于上述的市值加权方法的缺陷,2005 年,基本面指数投资方法的创始人 Robert Arnott,Jason Hsu 等人提出了基本面投资的概念,他们采用了财务指标数据给出股票的基本面权重,并基于美国市场构建了多种基本面加权指数,包括收入、销售、分红、账面价值等等方法的基本面投资组合,以及同样成分股的市值加权组合,并进行历史实证,比较两种投资方式的异同,结果发现长期中基本面组合业绩优于市值组合。

Robert Arnott,Jason Hsu 等人创始的 Research Affiliates 公司(锐联)也成为美国市场最早和最成功发行基本面指数以及基本面指数产品的资产管理公司,其最著名的基本面指数为 RAFI(Research Affiliate Fundamental Index)。

### (2)基本面指数的编制

我们以中证锐联基本面 50 指数(该指数由中证指数公司与锐联合作开发,是内地首只基本面指数)为例,来介绍基本面指数的主要编制方法。

中证锐联基本面 50 指数以 2004 年 12 月 31 日为基日,基日指数为 1 000 点。指数的样本空间与传统指数是相似的。

在选样方法上,中证锐联基本面 50 指数在剔除流动性不佳的部分股票后,对样本空间内的剩余股票,按其基本面价值降序排列,选取排名在前 50 名的股票作为样本股。单个股票的基本面价值计算方法如下:①以过去 5 年的年报数据计算 4 个基本面指标:营业收入、现金流、净资产、分红;②计算每只股票 4 个基本面指标占样本空间所有股票这一指标总和的百分比;③基本面价值由上述 4 个百分比数据的简单算术平均值乘以10 000 000得出。

中证锐联基本面 50 指数的计算公式为:

$$index = \frac{\sum_{i=1}^{n}(p_i \times s_i \times f_i \times c_i)}{divisor}$$

其中,$p$ 为价格,$s$ 为总股本,$f$ 为加权比例,$c$ 为基本面调整因子,$divisor$ 为除数。

中证锐联基本面 50 指数的编制方法与 RAFI 类似:①样本空间中皆对公司质量进行筛选;②基本面 50 指数是对基本面数据中的营业收入、现金流、净资产和分红等 4 项进行排序加权,而 RAFI 采用了销售额、现金流、账面价值和股息等 4 项基本面数据,两者十分接近。

(3)基本面指数的优势

①"公平价值"指数

Markowitz(2005)认为一旦考虑到现实世界,市场组合不再是"均值—方差"有效的。传统指数通常以市值为基础,其结果是造成价值被高估股票的过高权重和被低估股票的过低权重,因而会参与股市泡沫的形成和破灭,导致价值分布的不合理和业绩的剧烈动荡。

而基本面指数的因子均不受市值波动的影响,从而能够辨别每只股票的真正"公平价值"。

②回报率与风险

从全球视野来看,基本面指数具有高回报率与稳定的风险特征,这也是基本面指数的最大优势之一,我们将从三个角度进行实际证明:

A. Robert Arnott Jason Hsu 等人在 2005 年的研究结论；B. RAFI 与主流指数的比较；C. 基本面指数 ETF 的实际业绩。

首先，前文提到的 Robert Arnott，Jason Hsu 等人在 2005 年的研究中，采用了财务指标数据给出股票的基本面权重，并基于美国市场构建了多种基本面加权指数，包括收入、销售、分红、账面价值等方法的基本面投资组合，以及同样数量成分股的市值加权组合，并进行历史实证（见表 2-1），发现：A. 各基本面组合的期末价值和收益率均高于市值加权组合和 S&P 500 指数；B. 大部分基本面组合的波动率小于市值加权组合和 S&P 500 指数；C. 夏普比率均明显高于市值加权组合和 S&P 500 指数；D. 其他统计结果效果也很明显。

其次，我们比较 RAFI 与 S&P 500，DJA30 等美国市场最重要指数的历史走势，其中 RAFI 我们选择 FTSE RAFI US 1000 INDEX（Bloomberg：FR10），该指数通过 Research Affiliates LLC 的特许权获准，由 FTSE（富时公司）发布，包含了美国市场基本面最佳的 1 000 只上市股票。

表 2-1　不同基本面组合与市值组合和 S&P 500 的回报信息比较

| Portfolio/Index | Ending Value of $1 | Geometric Return | Volatility | Sharpe Ratio | Excess Return vs. Reference | Tracking Error vs. Reference | Information Ratio | t-Statistic for Excess Return |
|---|---|---|---|---|---|---|---|---|
| S&P 500 | $ 73.98 | 10.53% | 15.1% | 0.315 | 0.18 pps | 1.52% | 0.12 | 0.76 |
| **Reference** | 68.95 | 10.35 | 15.2 | 0.301 | — | — | — | — |
| Book | 136.22 | 12.11 | 14.9 | 0.426 | 1.76 | 3.54 | 0.50 | 3.22 |
| Income | 165.21 | 12.61 | 14.9 | 0.459 | 2.26 | 3.94 | 0.57 | 3.72 |
| Revenue | 182.05 | 12.87 | 15.9 | 0.448 | 2.52 | 5.03 | 0.50 | 3.25 |
| Sales | 184.95 | 12.91 | 15.8 | 0.452 | 2.56 | 4.93 | 0.52 | 3.36 |
| Dividends | 131.37 | 12.01 | 13.6 | 0.458 | 1.66 | 5.33 | 0.31 | 2.02 |
| Employment | 156.83 | 12.48 | 15.9 | 0.423 | 2.13 | 4.64 | 0.46 | 2.98 |
| **Composite** | 156.54 | 12.47 | 14.7 | 0.455 | 2.12 | 4.21 | 0.50 | 3.26 |
| Average (ex Composite) | $159.44 | 12.50% | 15.2% | 0.444 | 2.15 pps | 4.57% | 0.47 | 3.09 |

数据来源：Research Affiliates，LLC

我们考察了近 10 年的情况，RAFI US 1000 的累计收益始终领先于标普 500 和道指（见图 2-3），但是其波动并不会显著增加，三只指数的 10 年间收益率标准差分别是 1.4057％、1.4023％和 1.3209％，RAFI US 1000 波动高于道指，但略微低于标普 500。

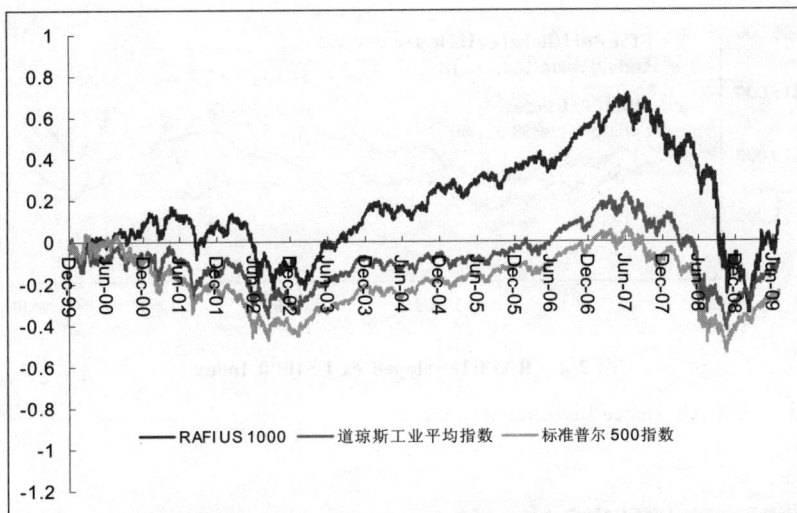

图 2-3 FTSE RAFI US 1000,S&P 500,DJA30 十年累计收益

数据来源:Bloomberg

最后,我们通过 Claymore International Fundamental Index ETF 来考察基本面指数化产品的业绩。

Claymore International Fundamental Index ETF 的设计目的,在于跟踪 FTSE RAFI Developed ex US1000 Index 的表现。该指数包括了基本面价值最高的 1 000 家未在美国挂牌的顶尖公司。该 ETF 在多伦多交易所挂牌交易,也是反映美国外的市场上基本面指数表现的一个代表。

在该 ETF 的报表中,我们看到其长期走势和收益明显强于 MSCI EAFE 指数(见图 2-4)。两者的阶段收益无论是一年、三年,还是五年的比较,基本面指数均大幅度胜出(见图 2-5)。

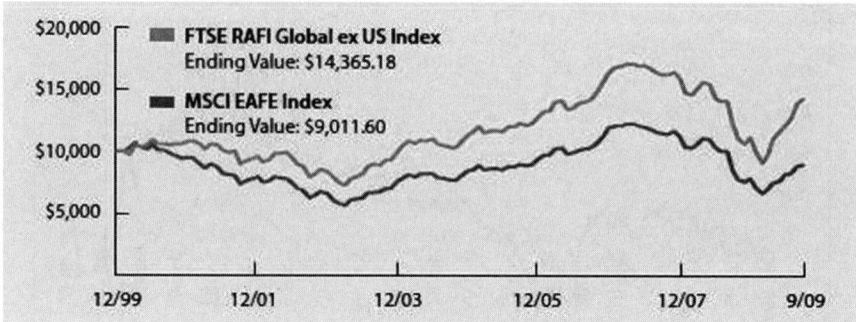

**图 2-4 RAFI Developed ex US1000 Index**

数据来源:Claymore Investments,Inc

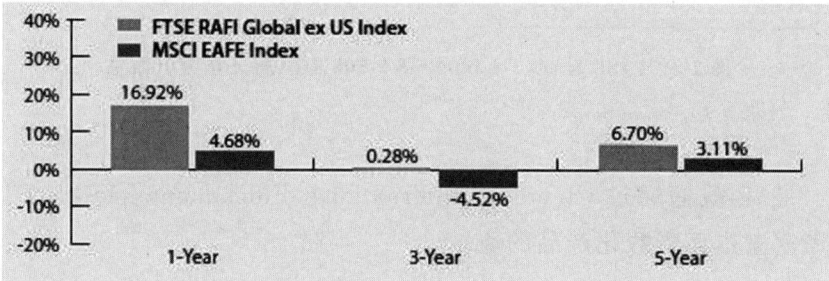

**图 2-5 历史表现与 MSCI EAFE Index 对比**

数据来源:Claymore Investments,Inc

③财务投资理论支持下的全球通用实务投资策略

从财务投资理论看,投资者对于财务优秀可靠的公司应该给予更多的投资偏好和投资权重,而不是根据股票市值进行权重分配,因此,财务投资理论支持基本面指数投资理念。

(3)基本面指数的发展

基本面指数的构建思路早期由美国的 Research Affiliates 公司提出和开发,并申请了专利保护,该公司主要和全球著名指数公司合作此类指数,并通过与国际知名的金融机构合作,将投资产品带给全球各地的投资人。基本面指数包括：
- 股票基本面指数（RAFI）
- 债券基本面指数（Bond RAFI）
- 不动产投资信托基本面指数（REITs RAFI）

在 RAFI 之前采用基本面加权的指数还有道琼斯美国红利精选指数（Dow Jones U.S.Selected Dividend Index），该指数采用每股股息进行加权。后来 Wisdomtree、GWA 都推出了各不相同的与基本面相关的加权指数，包括基本面加权的风格系列指数。

全球有 200 亿美元的资产是采用基本面指数 RAFI 投资方法来管理，可供投资的 RAFI 产品包括：30 多只 ETFs，20 多只指数共同基金，以及混合基金（Commingle Funds），这些产品主要分布在美国、亚洲和欧洲市场（见图 2-6），有 20 多家资产管理公司进行管理。

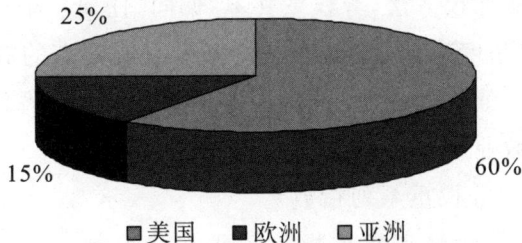

25%

15%

60%

■美国 ■欧洲 ■亚洲

**图 2-6　RAFI 产品的全球分布**

数据来源：Research Affiliates，LLC

除了 RAFI 基本面指数产品，高盛在上世纪 90 年代初就已经推出了一个收入加权指数基金，并进行了根据公司利润进行加权计算指数的探索。

目前，除了前面的 Claymore Investments，全球众多资产管理公司，其中不乏大型著名的公司，包括 PowerShares、Lyxor、IPM、Plexus，均前后发行了基本面产品。其中，PowerShares 是最具规模的，已经基于全球市场发行了近 20 种基本面指数产品，面向成熟市场的有 RAFI

US 1000 Fund 和 RAFI Europe Fund,分别在欧美等地 5 个以上交易所上市;标的新兴市场的 RAFI Emerging Markets Portfolio 和 RAFI Asia Pacific ex-Japan Portfolio 也在多个市场上市。

### 3.等权重

(1)等权重加权的原理

等权重是指给予每个成分股相同的权重,即成分股数量的倒数。理论上,权重是要每日进行再平衡的,否则权重便会偏离成分股数量的倒数,但实际上为了避免繁琐和换手率高企,通常采取定期再平衡的方法。

相对于其他加权方法,等权重并不"偏向"任何一个成分股,而是一视同仁,从市值角度看,等权重减少了那些市值较高的股票权重,同时也增加了那些市值较低的股票权重,从业绩表现上来看,小盘股优胜期间的等权重指数业绩容易占优。

(2)MSCI 的等权重系列指数

MSCI 进行了大量等权重指数的研究和编制,从表 2-2 中可以看出,自 1998 年至 2007 年的十年间,等权重指数的收益明显高于原指数,而等权重指数的风险也显著高于原指数。

表 2-2　MSCI 等权重指数与原指数风险收益比较

(1998 年 12 月—2007 年 12 月)

| | 收益 | 风险 |
|---|---|---|
| THE WORLD INDEX | 5.7% | 13.4% |
| THE WORLD EQUAL WEIGHTED | 10.9% | 14% |
| EAFE | 7.8% | 13.9% |
| EAFE EQUAL WEIGHTED | 12% | 14.3% |

续表

| | 收益 | 风险 |
|---|---|---|
| EUROPE | 8% | 15.2% |
| EUROPE EQUAL WEIGHTED | 11.9% | 16.6% |
| EM(ENERGING MARKETS) | 20.1% | 21% |
| EM EQUAL WEIGHTED | 21.7% | 20.1% |
| AC WORLD INDEX | 6.5% | 13.6% |
| ACWI EQUAL WEIGHTED | 14.4% | 15.2% |
| USA | 3.3% | 13.9% |
| USA EQUAL WEIGHTED | 7.6% | 15.9% |
| JAPAN | 4.6% | 17.9% |
| JAPAN EQUAL WEIGHTED | 7.4% | 18.7% |

数据来源:MSCI

注:风险的计算方法为,月度收益率的标准差

另外,标普指数公司也发行了较多的等权重系列指数。

(3)Rydex 等权重 ETF

在等权重指数产品开发方面,Rydex 是较早也较成功开发等权重指数产品的公司,以 RYDEX S&P EQUAL WEIGHT ETF 为例,2003年 4 月到 2008 年 9 月期间,该 ETF、S&P 等权重指数、S&P 500 指数的年化收益率分别为 6.47%、7.01%、5.17%(见图2-7)。

(4)内地等权重指数及发展

内地市场的学习能力近年来提高迅速,目前,深市、沪市两市场指数中的主流指数,均已开发出相应的等权重指数。进一步,不少等权重指数已经被开发成 ETF、指数分级基金等产品,如上证超级大盘指数、中证等权重 90 指数、沪深 300 等权重指数等。

图 2-7　RYDEX S&P EQUAL WEIGHT ETF 走势

数据来源：RYDEX

## 4.GDP 加权

（1）GDP 加权的原理

GDP 加权主要用于国际指数，将传统的市值加权，改为以国家或地区的 GDP 为相应证券赋予权重，通常来看，中国等证券市值与国民生产总值占比较低的新兴国家的权重得以提升，而美英等发达国家的权重被减轻。

（2）GDP 加权的应用

在指数开发方面，MSCI 是较早开发此类指数的公司，MSCI GDP 加权指数体系引入于 1988 年，当时日本由于资产泡沫带给其资产过高的估值，而 GDP 加权的指数可以规避那个时期日本市场的过高风险暴露。MSCI GDP 加权指数体系包括：

• MSCI All Country World（ACWI）GDP Weighted Index（见表 2-3）

• MSCI World GDP Weighted Index

• MSCI EAFE GDP Weighted Index

• MSCI Europe GDP Weighted Index

• MSCI EMU GDP Weighted Index

• MSCI Emerging Markets GDP Weighted Index

其中，MSCI World GDP Weighted，MSCI EAFE GDP Weighted 以及 MSCI Europe GDP Weighted Indices 早在 1969 年底即可按月提供，到 1987 年可以按日提供。MSCI EMU GDP Weighted Index 在 1998 年 6 月即可按月和日提供。MSCI Emerging Markets GDP Weighted 和 MSCI ACWI GDP Weighted Indices 在 2000 年 6 月即可按月和日提供（见图 2-8）。

**表 2-3 MSCI All Country World（ACWI）GDP Weighted Index 的权重分布**

| 国家 | 市值权重 | GDP 权重 | 权重差 |
| --- | --- | --- | --- |
| 美国 | 42.95％ | 25.83％ | −17.12％ |
| 中国 | 2.24％ | 7.63％ | 5.40％ |
| 英国 | 8.66％ | 4.85％ | −3.80％ |
| 德国 | 3.19％ | 6.64％ | 3.45％ |
| 意大利 | 1.44％ | 4.19％ | 2.75％ |
| 俄国 | 0.79％ | 3.04％ | 2.25％ |
| 瑞士 | 2.81％ | 0.89％ | −1.92％ |
| 加拿大 | 4.30％ | 2.73％ | −1.57％ |
| 墨西哥 | 0.50％ | 1.97％ | 1.47％ |
| 西班牙 | 1.64％ | 2.92％ | 1.27％ |

数据来源：MSCI

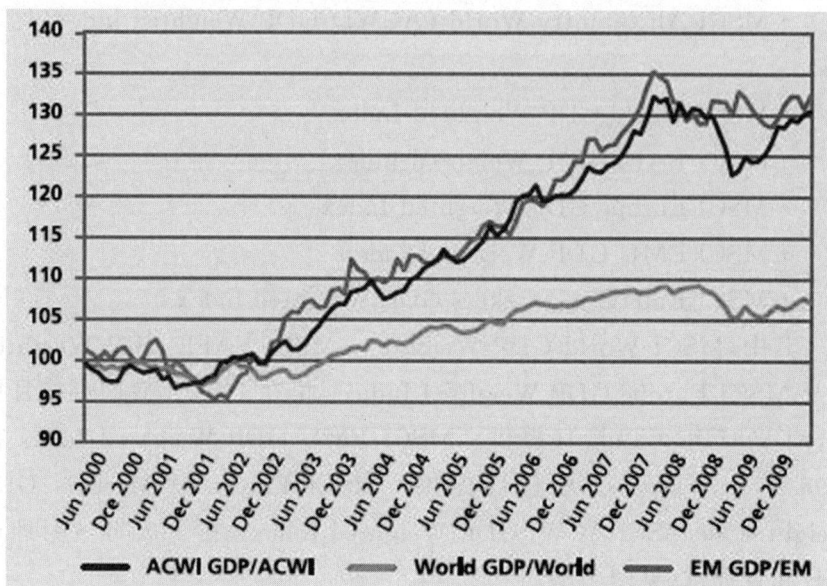

**图 2-8　MSCI GDP Weighted Indices 与市值指数的相对走势**

数据来源：MSCI

在指数产品开发方面,太平洋投资管理公司(PIMCO)进行了大量的创新产品开发(见表 2-4)。

(3)深证 GDP100 指数

在 A 股市场,深证 GDP100 指数的编制虽然并非 GDP 加权,但其行业选样上已经运用了 GDP 指标,因而算是国内相关方面的初步尝试。其选样方法如下:

①行业筛选

根据国家统计局公布的 GDP 行业增加值季度数据,对行业内股票个数大于 3 只的行业按照 GDP 行业增加值同比增速从高到低进行排序。定义排名在前 1/3 的行业为优选行业,排名在中间 1/3 的行业为普通行业,排名在后 1/3 的行业为排除行业。优选行业和普通行业为入选行业。

表 2-4 PIMCO Global Advantage Bond Index（GLADI）的权重过程

| 地区 | A 地区目标权重 | × 因素/工具 | | B 因素/工具权重 | = C GLADI子指数目标权重 | 子指数名称 |
|---|---|---|---|---|---|---|
| 美国 | 24.6% | 久期 | 名义 | 22% | 5.5% | GLADI U.S. Interest Rate Swaps |
| | | | 实际 | 11% | 2.7% | GLADI U.S. Interest–Protect |
| | | 信用 | | 33% | 8.2% | GLADI U.S. Corporates |
| | | 证券化 | | 33% | 8.2% | GLADI U.S. Securltized |
| 欧洲 | 21.4% | 久期 | 名义 | 22% | 4.8% | GLADI European Interest Rate Swaps |
| | | | 实际 | 11% | 2.4% | GLADI European Interest–Protect |
| | | 信用 | | 33% | 7.1% | GLADI European Corporates |
| | | 证券化 | | 33% | 7.1% | GLADI European Securltized |
| 日本 | 8.4% | 久期 | 名义 | 67% | 5.6% | GLADI Japan Interest Rate Swaps |
| | | | 实际 | 33% | 2.8% | GLADI Japan Interest–Protect |
| 其他工业化国家 | 11.6% | 久期 | 名义 | 22% | 2.6% | GLADI Other Industrialized Interest Rate Swaps |
| | | | 实际 | 11% | 1.3% | GLADI Other Industrialized Interest–Protect |
| | | 信用 | | 33% | 3.9% | GLADI Other Industrialized Corporates |
| | | 证券化 | | 33% | 3.9% | GLADI Other Industrialized Securltized |
| 新兴市场 | 34.0% | 久期 | | 33% | 11.3% | |
| | | 货币 | | 33% | 11.3% | |
| | | | | 33% | 11.3% | |

数据来源：PIMCO

根据优选行业总权重 60%，普通行业总权重 40%，在入选行业间进行平均分配，得到各行业权重。

②行业内个股筛选

在各入选行业内将备选股票按营业收入从高到低进行排序，计算各股票营业收入在各自行业总营业收入中的占比，优先入选营业收入高的股票，直至入选股票累计营业收入占比达到 60%。

对入选样本个数进行统计,如果样本个数低于 100 只,则增大行业营业收入覆盖率的设置值再次选样,直至样本股数达到 100 只。若在满足入选行业营业收入覆盖率 60% 的初始条件下,入选样本个数已经超过 100 只,则将所有入选样本股按照营业收入从高到低排序,在保证每个入选行业至少保留 2 只股票的前提下,剔除营业收入排名靠后的股票,直至样本股个数达到 100 只。

## 5.波动率加权

(1)波动率加权的原理

风险与收益的平衡,是投资者最为关注的主题之一,在同样的约束下,投资者希望能够获得收益最高而风险最低的收益,尽管理论研究甚多,但在实际中很难运用,要想获得最高收益很难,但要获得较低的波动则相对较容易,因此波动率加权指数应运而生(主要是低波动指数,而非高波动指数)。

(2)风险加权指数(MSCI Risk Weighted Index 和 S&P Low Volatility Index)[①]

以过去历史的波动率对成分股进行排序和加权,波动率大的股票给予低的权重,波动率低的股票给予高的权重,即权重与波动率大小成反比,以此构建一个低波动率的权重配置组合,MSCI 和 S&P 都推出了类似的指数,MSCI 称为风险加权指数(Risk Weighted Index),S&P 则称为低波动率指数(Low Volatility Index),两者在核心方法上一致,即权重与成分股的波动率成反比,表 2-5 对他们的编制方法进行了归纳和对比:

---

① 引用自中证指数公司

表 2-5 MSCI 和 S&P 风险加权指数编制方法归纳

| | MSCI 风险加权指数<br>（Risk Weighted Index） | S&P 500 低波动率指数<br>（Low Volatility Index） |
|---|---|---|
| 指数样本 | 同市值母指数 | 500 只中波动率最低的 100 只 |
| 加权方法 | 与个股历史方差成反比：<br>$$w_j = \frac{1/\sigma_j^2}{\sum_1^n 1/\sigma_j^2}$$ | 与个股历史标准差成反比：<br>$$w_i = \frac{\dfrac{1}{Volatility_i}}{\sum\limits_{i=1}^{100} \dfrac{1}{Volatility_i}}$$ |
| 计算波动率用历史数据 | 过去 3 年周收益率的方差 | 过去 252 个交易日日收益率标准差 |
| 定期调整频率 | 半年度调整 | 季度调整 |

数据来源：MSCI，标普指数

从指数历史表现看，MSCI 和 S&P 的风险加权指数均达到了预期的效果，指数的累计收益比对应母指数高，而风险比母指数低。MSCI ACWI 风险加权指数过去十年年化收益达到 12.31％，而同期市值指数仅为 5.55％；该指数年化波动率为 16.56％，低于母指数 17.30％（见图 2-9 和表 2-6）。

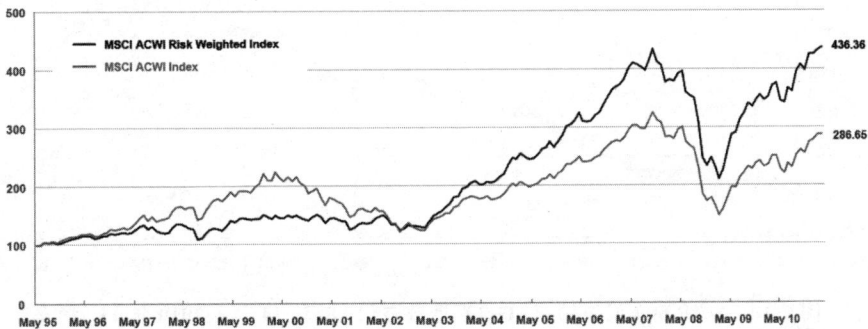

图 2-9 MSCI ACWIM 风险加权（TR）累计收益（May 1995－Mar 2011）

数据来源：MSCI

表 2-6 **MSCI ACWI 风险加权(TR)收益风险特征(2011 年 3 月 31 日)**

| | | MSCI ACWI 风险加权 | MSCI ACWI |
|---|---|---|---|
| 年化收益 | 1 年 | 17.63% | 14.63% |
| | 3 年 | 4.99% | 0.86% |
| | 5 年 | 7.01% | 3.48% |
| | 10 年 | 12.31% | 5.55% |
| 年化风险 | 3 年 | 23.54% | 24.11% |
| | 5 年 | 19.50% | 19.85% |
| | 10 年 | 16.56% | 17.30% |

数据来源:MSCI

S&P 500 低波动率指数过去 10 年的年化收益达到 6.94%,高于同期 S&P 500 的 5.13%;该指数年化波动率为 10.85%,显著低于同期 S&P 500 的 15.82%。S&P 500 低波动率通过低波动率选样和加权,强化了低波动率的效果(见图 2-10 和表 2-7)。

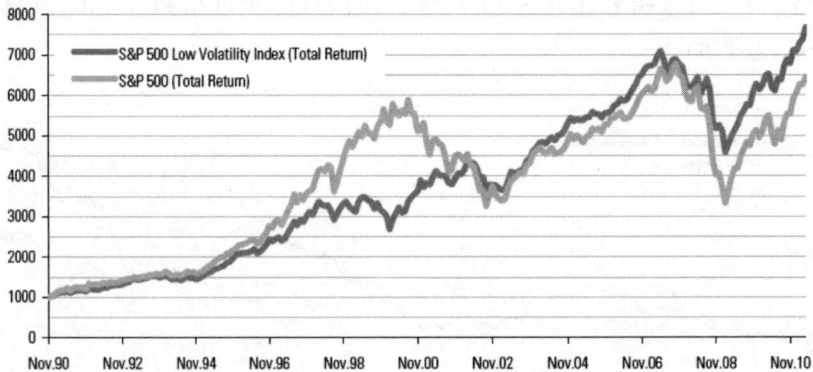

图 2-10 **S&P 500 低波动率(TR)累计收益(1990 年 11 月—2010 年 11 月)**

数据来源:标普指数

表 2-7 S&P 500 低波动率(TR)年化收益和风险特征(2011 年 4 月 29 日)

| | | S&P 500 低波动率 | S&P 500 |
|---|---|---|---|
| 年化收益率 | 1 年 | 17.49% | 17.22% |
| | 3 年 | 6.71% | 1.73% |
| | 5 年 | 5.38% | 2.95% |
| | 10 年 | 6.94% | 5.13% |
| 年化风险 | 1 年 | 11.29% | 18.09% |
| | 3 年 | 15.02% | 21.78% |
| | 5 年 | 12.62% | 17.90% |
| | 10 年 | 10.85% | 15.82% |

数据来源:标普指数

(3)A 股波动率指数

沪深 300 波动、中证 500 波动、上证 180 波动、上证 380 波动、深证 100 波动等指数均已开发(均为低波动率指数),以深证 100 低波动率指数为例,其核心编制方法如下:

选股原则:深证 100 低波动率指数以深证 100 指数样本股为样本空间,对样本空间的股票,按照最近一年日收益率的波动率(标准差)升序排名,选择排名前 50 的股票,构成深证 100 低波动率指数样本股。

定期调整方法:成分股的定期调整定于每年 1 月和 7 月的第一个交易日实施,通常在前一年的 12 月和当年的 6 月的第二个完整交易周的第一个交易日提前公布样本调整方案。

指数计算方法:深证 100 低波动率指数以 2004 年 12 月 31 日为基日,基日指数定为 1 000。样本股权重与其历史波动率的倒数成正比。

# (三)指数编制

指数编制与维护看似简单,实则不易,其包括许多细节,这些环节包括:选样、指数计算与修正、样本股调整、股本与权重维护、指数管理、指数发布等。

## 1.沪深300指数的编制方法[①]

以我国最著名的指数——沪深300指数的编制为例,其基本情况,编制与维护方法如下:

沪深300指数是沪深证券交易所于2005年4月8日联合发布的反映A股市场整体走势的指数。沪深300指数编制目标是反映中国证券市场股票价格变动的概貌和运行状况,并能够作为投资业绩的评价标准,为指数化投资和指数衍生产品创新提供基础条件。中证指数有限公司成立后,沪深证券交易所将沪深300指数的经营管理及相关权益转移至中证指数有限公司。中证指数有限公司同时计算并发布沪深300的价格指数和全收益指数,其中价格指数实时发布,全收益指数每日收盘后在中证指数公司网站(www.csindex.com.cn)和上海证券交易所网站(www.sse.com.cn)上发布。

(1)样本空间

沪深300指数样本空间由同时满足以下条件的沪深A股组成:

---

① 引自中证指数公司网站。

- 上市时间超过一个季度,除非该股票自上市以来日均 A 股总市值在全部沪深 A 股中排在前 30 位;
- 非 ST、＊ST 股票,非暂停上市股票。

（2）选样方法

沪深 300 指数样本是按照以下方法选择经营状况良好、无违法违规事件、财务报告无重大问题、股票价格无明显异常波动或市场操纵的公司：

- 计算样本空间内股票最近一年（新股为上市第四个交易日以来）的 A 股日均成交金额与 A 股日均总市值;
- 对样本空间股票在最近一年的 A 股日均成交金额由高到低排名,剔除排名后 50％的股票;
- 对剩余股票按照最近一年 A 股日均总市值由高到低排名,选取前 300 名股票作为指数样本。

（3）指数计算

沪深 300 指数以"点"为单位,精确到小数点后 3 位。

基日与基期：沪深 300 指数以 2004 年 12 月 31 日为基日,基点为 1 000点。

指数计算公式：沪深 300 指数采用派许加权综合价格指数公式进行计算,计算公式如下：

报告期指数＝报告期成分股的调整市值/除数×1 000

其中,

调整市值＝$\sum$（股价×调整股本数）

指数计算中的调整股本数系根据分级靠档的方法对样本股股本进行调整而获得。要计算调整股本数,需要确定自由流通量和分级靠档两个因素。详细内容见下文。

当样本股名单、股本结构发生变化或样本股的调整市值出现非交易因素的变动时,采用"除数修正法"修正原除数,以保证指数的连续性。详细内容见下文。

指数的实时计算:沪深 300 指数实时计算,样本股实时成交价格来自上海证券交易所与深圳证券交易所交易系统。

具体做法是,在每一交易日集合竞价结束后,用集合竞价产生的股票开盘价(无成交者取行情系统提供的开盘参考价)计算开盘指数,以后每秒重新计算一次指数,直至收盘。其中各样本股的计算价位($X$)根据以下原则确定:

若当日没有成交,则 $X=$ 开盘参考价

若当日有成交,则 $X=$ 最新成交价。

当沪深证券交易所行情发生异常情况时,中证指数有限公司视情况决定是否继续计算指数。

自由流通量:为反映市场中实际流通股份的股价变动情况,沪深300 指数剔除了上市公司股本中的不流通股份,以及由于战略持股或其他原因导致的基本不流通股份,剩下的股本称为自由流通股本,也即自由流通量。

- 公司创建者、家族、高级管理者等长期持有的股份
- 国有股份
- 战略投资者持有的股份
- 被冻结的股份
- 受限的员工持有的股份
- 上市公司交叉持有的股份

上市公司公告明确的限售股份和上述六类股东及其一致行动人持股超过 5% 的股份,都被视为非自由流通股本。

自由流通量=A 股总股本-非自由流通股本

中证指数有限公司根据多种公开的信息来源估算自由流通量。

分级靠档:中证指数有限公司在计算沪深 300 指数时,采用分级靠档的方法,即根据自由流通股本所占 A 股总股本的比例(即自由流通

比例)赋予 A 股总股本一定的加权比例,以确保计算指数的股本保持相对稳定。

自由流通比例＝自由流通量/A 股总股本

调整股本数＝A 股总股本×加权比例

沪深 300 指数样本的加权比例按照表 2-8 确定:

表 2-8　沪深 300 指数分级靠档表

| 自由流通比例(%) | ≤10 | (10,20] | (20,30] | (30,40] | (40,50] | (50,60] | (60,70] | (70,80] | >80 |
|---|---|---|---|---|---|---|---|---|---|
| 加权比例(%) | 自由流通比例 | 20 | 30 | 40 | 50 | 60 | 70 | 80 | 100 |

全收益指数:为满足投资者的需要,中证指数有限公司同时计算沪深 300 全收益指数的日收盘值。沪深 300 全收益指数是沪深 300 指数的衍生指数,与沪深 300 指数的区别在于全收益指数的计算中考虑了样本股现金红利的再投资收益,供投资者从不同角度考量指数。

(4)指数修正

为保证指数的连续性,当样本股名单发生变化或样本股的股本结构发生变化或样本股的市值出现非交易因素的变动时,沪深 300 指数采用"除数修正法"修正原除数。

修正公式:

修正前的调整市值/原除数＝修正后的调整市值/新除数

其中:

修正后的调整市值＝修正前的调整市值＋新增(减)调整市值

由此公式得出新除数,并据此计算以后的指数。

需要修正的情况:

• 当样本公司发生可能影响股票价格变动事件时:

除息:凡有样本股除息(分红派息),沪深 300 指数不予修正,任其自然回落;沪深 300 全收益指数在样本股除息日前按照除息参考价予以修正。

除权:凡有样本股送股或配股,在样本股的除权基准日前修正指数,按照新的股本与价格计算样本股调整市值。

修正后调整市值＝除权报价×除权后的调整股本数＋修正前调整市值(不含除权股票)。

• 由公司行为引起的股本变动

凡样本股发生由公司行为引起的股本变动(如增发新股、配股上市等),在样本股的股本变动日前修正指数。

修正后调整市值＝收盘价×变动后的调整股本数

• 由股东行为引起的股本变动

凡样本股发生由股东行为引起的股本变动,每半年定期调整一次,调整生效时间分别为每年 1 月、7 月的第一个交易日,在调整生效日前修正指数。

• 样本股调整

当指数样本股定期调整或临时调整生效时,在调整生效日前修正指数。

(5)样本股的定期审核

依据样本稳定性和动态跟踪相结合的原则,每半年审核一次沪深300 指数样本股,并根据审核结果调整指数样本股。

①审核时间

中证指数专家委员会一般在每年 6 月和 12 月的中上旬开会审核沪深 300 指数样本股,样本股调整实施时间分别是每年 7 月和次年 1月的第一个交易日。

②审核参考依据

每年 6 月份审核样本股时,参考依据主要是上一年度 5 月 1 日至审核年度 4 月 30 日(期间新上市股票为上市第四个交易日以来)的交易数据及财务数据;每年 12 月份审核样本股时,参考依据主要是上一年度 11 月 1 日至审核年度 10 月 31 日(期间新上市股票为上市第四个交易日以来)的交易数据及财务数据。

③样本股调整数量

定期调整指数样本时,每次调整数量一般不超过10%。

④缓冲区规则

为有效降低指数样本股周转率,沪深300指数样本股定期调整时采用缓冲区规则,排名在前240名的候选新样本优先进入指数,排名在前360名的老样本优先保留。

⑤备选名单

对沪深300指数进行定期审核时,设置备选名单用以定期调整之间的临时调整。

⑥长期停牌股票的处理

A. 对于沪深300指数的样本股,在定期审核样本资格时

• 至交易数据考察截止日已连续停止交易3个月,且仍未恢复交易的样本股列为候选剔除股票;

• 至交易数据考察截止日连续停止交易接近3个月,且仍未恢复交易的样本股,由专家委员会讨论决定是否列为候选剔除股票;

• 在交易数据考察时段内连续停止交易3个月,现已恢复交易的样本股,如符合样本股标准,原则上将保留在指数内。

B. 对于尚未进入指数的股票,在定期审核样本资格时

• 至交易数据考察截止日已连续停止交易3个月,且仍未恢复交易的股票不能成为候选新进股票样本;

• 至交易数据考察截止日已连续停止交易接近3个月,且仍未恢复交易的股票,中证指数有限公司须将上述股票名单通知专家委员会;

• 在交易数据考察时段内连续停止交易3个月的股票,恢复交易3个月后才可以进入指数。

⑦财务亏损股票的处理

定期审核样本股时,财务亏损的股票原则上不列为候选新样本,除

非该股票影响指数的代表性。

(6)样本股的临时调整

在有特殊事件发生,以致影响指数的代表性和可投资性时,中证指数有限公司将对沪深300指数样本股做出必要的临时调整。

①新上市股票

对新发行股票的A股发行总市值(公式为:发行价×A股总股本)和全部A股自该新发行股票上市公告日起过去一年的日均A股总市值进行比较,对于符合样本空间条件且A股发行总市值排名在沪深A股市场前10位的新发行A股股票,启用快速进入指数的规则,即在其上市第10个交易日结束后将其纳入指数,同时剔除原指数样本中最近一年日均A股总市值排名最低的股票。

当新发行股票符合快速进入指数的条件,但上市时间距下一次样本股定期调整生效日不足20个交易日时,不启用快速进入指数的规则,与下次定期调整一并实施。

②收购合并

- 样本股公司合并:合并后的新公司股票保留样本股资格,产生的样本股空缺由备选名单中排序最靠前的股票填补。
- 成分公司合并非成分公司:一家成分公司合并另一家非成分公司时,合并后的新公司股票保留样本股资格。
- 非成分公司合并成分公司:一家非成分公司收购或接管另一家成分公司时,如果合并后的新公司股票排名高于备选名单上排名最高的股票,则新公司股票成为指数样本;否则,自该样本股退市日起,由备选名单上排序最靠前的股票作为指数样本。
- 非样本股之间的合并、分拆、收购和重组:如果这些行为导致新公司股票的总市值排名在全市场前10位,实施快速进入规则。否则,在样本股定期调整时一并考虑。

③分拆

一家成分公司分拆为两家或多家公司,分拆后形成的公司能否作为指数样本需要视这些公司的排名而定。

- 如果分拆后形成的公司股票排名都高于原样本股中排名最低的股票,分拆后形成的公司股票全部作为新样本进入指数,原样本股中排名最低的股票被剔除以保持指数样本数量不变。
- 如果分拆后形成的公司中部分公司的排名高于原样本股中排名最低的股票,则这些排名高于原样本股中排名最低的股票作为新样本进入指数,如果新进入的样本多于一只,原样本股中排名最低的股票被剔除以保持指数样本数量不变。
- 如果分拆后形成的公司股票全部低于原样本股中排名最低的股票,但全部或部分公司股票高于备选名单中排序最高的股票,则分拆形成的公司股票中排名最高的股票替代被分拆公司作为新样本进入指数。
- 如果分拆后形成的公司股票全部低于原成分中排名最低的股票,同时低于备选名单上排名最高的股票,则备选名单上排序最靠前的股票作为指数样本。

④停牌

当样本股停牌时,中证指数有限公司将根据其停牌原因,决定是否将其从指数样本中剔除。

⑤暂停上市、退市

当成分公司暂停在 A 股上市或退市时,将其从指数样本中剔除,由备选名单中排序最靠前的股票替代。

⑥破产

如果成分公司申请破产或被判令破产时,将其从指数样本中剔除,并选取备选名单中排序最靠前的股票作为样本股。

(7)样本股备选名单

为提高指数样本股临时调整的可预期性和透明性,沪深 300 指数设置备选名单,用于样本股定期调整之间发生的临时调整。

在每次样本股定期调整时,设置备选名单,备选名单中股票数量一般为指数样本数量的 5%，沪深 300 指数设置 15 只备选样本股。

当指数因为样本退市、合并等原因出现样本空缺或其他原因需要临时更换样本时，依次选择备选名单中排序最靠前的股票作为样本股。

当备选名单中股票数量使用过半时，中证指数有限公司将及时补充并公告新的备选名单。

（8）样本股股本维护

为确保指数能够及时反映相关股票的交易状况，中证指数有限公司按照以下规则对沪深 300 指数样本股股本进行维护：

中证指数有限公司根据上市公司公告对股本进行维护；

对于非公司行为导致的自由流通股本变化每半年审核一次，自由流通股本调整生效时间为每年 1 月和 7 月的第一个交易日；

股本调整生效日一般与上市公司公告标明的生效日一致，如果上市公司公告日晚于生效日，则公告日的下一个交易日为股本调整生效日。

以下是常见的公司行为的股本调整日：

- 送（转）股：公司分配公告标明的除权基准日；
- 配股：配股发行公告标明的除权基准日和配股股份上市公告标明的上市日；
- 增发：增发新股上市公告书标明的上市日。

（9）指数管理

①指数专家委员会

为规范指数运作，保障中证指数编制方法的科学性和权威性，中证指数有限公司设立指数专家委员会，专家委员由国内外指数编制、指数化投资、市场研究的专家和知名学者组成。

指数专家委员会负责对中证指数编制方法的评估、建议和审定，保障中证指数编制方法的科学性和权威性。指数专家委员会负责指数样本股资格的审定，保证指数样本满足编制规则的要求。指数专家委员会对其他涉及指数运作和业务发展的事项提供建议。

　　一般情况下,中证指数专家委员会每半年定期召开一次会议,也可以根据需要召开临时会议。每次会议应有超过半数的专家出席,决定事项须经专家委员会集体表决,经出席会议的 2/3 以上的专家同意方为有效。

　　专家委员会的有关决议以中证指数有限公司的名义发布,一般在非交易时段发布。

　　指数专家委员会委员由中证指数有限公司聘任,原则上每两年换届一次,委员可以续聘。委员会设主席一名,委员会主席主持会议并形成会议决议。

　　②专家委员会秘书

　　指数专家委员会设秘书一名,委员会秘书负责委员联络、会议议事和会议材料的准备,以及会议决议的落实。

　　③中证指数有限公司

　　中证指数有限公司负责沪深 300 指数的经营运作事宜。中证指数有限公司负责按照指数规则对指数进行维护、管理和市场服务。中证指数有限公司负责实施专家委员会的决议。

　　(10)指数发布

　　①指数代码

　　上海证券交易所行情系统代码:000300

　　深圳证券交易所行情系统代码:399300

　　②发布渠道

　　沪深 300 指数行情通过多种渠道向国内外广泛发布。

- 通过上海证券交易所与深圳证券交易所卫星广播行情发布系统,实时发布指数行情;
- 通过汤森路透财经资讯系统(ThomsonReuters)和彭博财经资讯系统(Bloomberg)等向全球即时报道;
- 在《上海证券报》、《中国证券报》和《证券时报》等媒体上每日发布;

- 通过中证指数有限公司网站（www.csindex.com.cn）、上海证券交易所网站（www.sse.com.cn）和深圳证券交易所网站（www.szse.cn）每日对外发布；
- 沪深300全收益指数通过中证指数有限公司网站（www.csindex.com.cn）每日收盘后对外发布。

③发布频率

沪深300指数实时计算和发布，当前计算频率为每秒一次，指数报价每5秒更新一次。

## 2.巨潮100指数的编制方法[①]

为反映沪深两市大盘股的价格收益变动，向投资者提供可交易的指数产品和金融衍生工具的标的物，编制巨潮100指数。

（1）指数代码与名称

指数代码：399313

指数简称：巨潮100

指数中文全称：巨潮100指数

指数英文名称：CNINFO 100

（2）选股原则

①入围标准

- 在深圳证券交易所、上海证券交易所上市的A股；
- 非ST、＊ST；
- 有一定的上市时间，一般为6个月（流通市值排名在样本数10％范围内的不受此限制）；
- 公司最近一年无重大违规、财务报告无重大问题；

---

① 引自巨潮指数公司网站。

- 公司最近一年经营无异常、无重大亏损；
- 考察期内股价无异常波动。

②成分股选样方法

先计算一段时期(前6个月)个股的平均流通市值占市场比重和平均成交金额占市场比重，再将上述指标按2∶1的权重加权平均，然后将计算结果从高到低排序，选取排名在前100名的股票，构成巨潮100初始成分股。

③成分股定期调整

- 定期调整时间

成分股的定期调整定于每年1月和7月的第一个交易日实施，通常在前一年的12月和当年的6月的第二个完整交易周的第一个交易日提前公布样本调整方案。

- 样本调整原则

先对入围股票进行综合排名，再按下列原则选股：排名在样本数70%范围之内的非原成分股按顺序入选；排名在样本数130%范围之内的原成分股按顺序优先保留；每次样本股调整数量不超过样本总数的10%。

(3)指数计算方法

①基日

巨潮100指数以2002年12月31日为基日，基日指数定为1 000。

②计算公式

巨潮100指数采用派氏加权法编制，自基日后，采用下列公式逐日连锁实时计算。

$$实时指数 = 上一交易日收市指数 \times \left[ \sum (成分股实时成交价 \times 成分股权数) / \sum (成分股上一交易日收市价 \times 成分股权数) \right]$$

在上述公式中，"成分股"指纳入指数计算范围的股票，"成分股权数"为成分股的自由流通量，子项和母项的权数相同。子项中的乘积为成分股的实时自由流通市值,母项中的乘积为成分股的上一交易日收市自由流通市值,$\sum$ 是指对纳入指数计算的成分股的自由流通市值进行汇总。

每个交易日集合竞价开市后用成分股的开市价计算开市指数,其后在交易时间内用成分股的实时成交价计算实时指数,收市后用成分股的收市价计算收市指数。

成分股当日无成交的,取上一交易日收市价。成分股暂停交易的,取最近成交价。

自由流通量是上市公司实际可供交易的流通股数量,其界定为:无限售条件股份剔除"持股比例超过 5％ 的下列三类股东及其一致行动人所持有的无限售条件股份"后的流通股数量:①国有(法人)股东;②战略投资者;③公司创建者、家族或公司高管人员。

(4)指数的调整计算

巨潮 100 指数的调整计算是根据不同情况,在开市前对指数实时计算公式中的有关数据项分别或同时进行调整。

①调整成分股的范围

即调整子项和母项中 Σ 的汇总范围,将某股票纳入(剔除)指数的计算,在实施当日,用新的成分股计算指数。包括:

- 成分股样本定期调整。定期综合考虑成分股市场规模、交易活跃程度、规范运作情况等因素,重新排序,确定剔除和纳入成分股。

- 成分股暂停或终止上市的,从暂停或终止上市之日起,将相应成分股从指数计算中剔除,剔除后造成的样本空缺于定期调整时补足。

- 新上市股票,若前 5 个交易日平均流通市值在指数成分股选样空间中排名位列前 10％ 之内,启用快速进入指数的规则,即在其上市第 15 个交易日后纳入指数,同时剔除综合排名最后的样本。

- 若成分股样本公司因重大违规行为(如财务报告重大造假)而可能被暂停或者终止交易的,将依据巨潮指数专家委员会的决定将其在指数样本中及时剔除,剔除后造成的样本空缺于定期调整时补足。
- 成分股出现收购、合并、分立等情况的,按专门规定予以处理。

②调整母项中某成分股的上一交易日收市价

对于全收益指数,当上市公司进行派息、送股、配股、转增或其他除权情况,在除权除息日将母项中该成分股的股权登记日收市价更新为除权参考价。除权参考价以沪深证券交易所发布的数据为准。

对于价格指数,现金分红在除息日不作除权调整,其余处理方法同全收益指数。

③调整子项和母项中某成分股的权数即 A 股自由流通量

- 成分股公司进行送股、转增等权益分配及配股时,在除权日对成分股的自由流通量进行修正。成分股公司进行增发、配股时,在其新增股份上市日对成分股权数进行修正;成分股公司进行债转股、股份回购、权证行权时,在其实施结果公告日的下一个交易日实施修正;成分股公司实施股权分置复牌时,根据支付对价后的自由流通量进行实时修正。
- 对成分股公司出现股改限售上市、新股发行发起人限售期满、网下配售股解禁、定向增发大股东或战略投资者获配股份解禁、大股东增持、大股东减持等非公司行为引起的自由流通权数变化的,在每年的 1 月、7 月的第一个交易日根据上市公司最新定期报告与临时公告中公布的持股数据进行定期集中修正。

(5)指数的发布与管理

①巨潮 100 指数的发布

巨潮 100 指数通过深交所实时卫星广播系统向全国发布,并通过汤森路透(Thomson Reuters)和彭博(Bloomberg)等信息商向全球发布。收市指数在每个交易日收市后通过中国证监会指定信息披露报刊和其他新闻媒体对外发布。指数成分股票信息通过深圳证券交易所网站（www.szse.cn）、巨潮指数网站（index.cninfo.com.cn）发布。

②巨潮 100 指数的管理

巨潮 100 指数由深圳证券信息有限公司负责设计与管理。深圳证券信息有限公司指数事业部定期对成分股的代表性进行考察，根据考察结果审议是否更换成分股。

巨潮 100 指数属于深圳证券信息有限公司资产，未经深圳证券信息公司书面许可，任何单位或个人不得跟踪、交易该指数，或以该指数为评价基准。

以上的沪深 300 指数和巨潮 100 指数分别是国内最大的两家指数公司编制的，最具代表性的由自由流通市值加权的市场指数，其他类别的股票指数，如等权重加权指数、基本面加权指数的编制方法将在下文阐述。但无论如何，指数的代表性是编制的最核心差异之处：如沪深 300 指数的编制是如何以 300 只股票代表两市大中盘股票；价值/成长指数的编制是如何体现出指数的价值/成长的风格；金融行业指数则是如何反应金融类股票的代表性。

# （四）指数标的选择

股票指数一般具有工具代表性、投资性、流动性等三个特征，最早期的指数往往要表达的是其代表性，用以反映市场综合特征，如道琼斯指数、上证综合指数、深证综合指数等等，但随着金融投资的不断演进，指数的投资需求迅速膨胀，其投资性很快被提升到首要的位置，优秀的投资型指数成为稀缺资源。因为指数的投资需求日益强烈，指数标的的选择问题备受关注，我们建议指数选择依然从三方面进行。

## 1.指数的工具代表性

指数的工具代表性首先是指该指数能够鲜明地代表某一群体的股票的特征，而这一群体的股票能够满足投资者在配置上或风险收益特征上的工具需求。举例而言，沪深300指数代表了A股大中盘股票特征，是投资A股的最佳代表性工具之一；深证100指数则代表了深市大中盘股票特征，是投资深市的最佳代表性工具之一。

指数的代表性的另一个重要因素是指数在成分股数量和市值上的覆盖率水平，其中市值覆盖率是最常见的指标，总市值覆盖率是指指数成分股总市值与其代表板块总市值的比值，流通市值覆盖率是指指数成分股流通市值与其代表板块流通市值的比值。这两个比值越高，表明该指数的覆盖率越高，越能代表股票群体的走势特征。

表2-9中展示了A股部分主流规模指数的市值覆盖率水平，大部分指数的覆盖率在50％以上，同时注意到成分股数量为100的中小板指数的覆盖率随着中小板的快速扩张而下降，目前中小300指数能够更好地代表中小板的走势。

表 2-9　A 股部分主流指数市值覆盖率

| 指数名称 | 截止日期 | 成分个数 | 流通市值亿元 | 总市值亿元 | 流通市值覆盖率 | 总市值覆盖率 |
|---|---|---|---|---|---|---|
| 上证综合指数 | 2016-01-31 | 1 126 | 198 068 | 265 201 | 100.00％ | 100.00％ |
| 上证 180 指数 | 2016-01-31 | 177 | 139 534 | 178 577 | 70.45％ | 67.34％ |
| 上证 50 指数 | 2016-01-31 | 56 | 100 631 | 123 202 | 50.81％ | 46.46％ |
| 沪深 300 指数 | 2016-01-31 | 329 | 179 464 | 233 895 | 56.32％ | 53.08％ |
| 中证 100 指数 | 2016-01-31 | 119 | 129 617 | 173 362 | 40.68％ | 39.34％ |
| 中证 500 指数 | 2016-01-31 | 500 | 49 178 | 67 769 | 15.43％ | 15.38％ |
| 深证成份指数 | 2016-01-31 | 448 | 64 924 | 90 695 | 53.85％ | 51.68％ |

续表

| 指数名称 | 截止日期 | 成分个数 | 流通市值亿元 | 总市值亿元 | 流通市值覆盖率 | 总市值覆盖率 |
|---|---|---|---|---|---|---|
| 深证100指数 | 2016-01-31 | 114 | 34 313 | 46 451 | 28.46% | 26.47% |
| 中小板指数 | 2016-01-31 | 119 | 19 365 | 26 624 | 38.20% | 35.05% |
| 中小300指数 | 2016-01-31 | 341 | 34 062 | 47 912 | 67.19% | 63.08% |
| 创业板指数 | 2016-01-31 | 121 | 11 886 | 19 141 | 50.99% | 46.97% |

数据来源:Wind 资讯

## 2.指数的投资性

指数的投资性是指数产品开发的最重要指标,投资性的指标包括:风险收益指标(表 2-10)、财务指标(表 2-11)、估值与成长指标等。

表 2-10    A 股主流指数的年化收益率与波动

| 指数名称 | 年化收益率 | 年化波动率 |
|---|---|---|
| 上证综合指数 | 9.92% | 24.78% |
| 上证 180 指数 | 10.17% | 26.84% |
| 上证 50 指数 | 8.27% | 27.31% |
| 沪深 300 指数 | 10.77% | 26.75% |
| 中证 100 指数 | 8.82% | 26.65% |
| 中证 500 指数 | 21.49% | 30.15% |
| 深证成份指数 | 9.99% | 28.75% |
| 深证 100 指数 | 11.89% | 28.34% |
| 中小板指数 | 16.53% | 28.99% |
| 创业板指数 | 15.71% | 34.53% |

数据来源:Wind 资讯,创业板指数与中小 300 指数为成立以来数据,其余为过去六年(截至 2015 年 1 月)。

表 2-11 A 股主流指数的财务与估值

| 指数名称 | 截止日期 | 市盈率 | 市净率 | 市销率 | 每股收益 | 每股净资产 | 净资产收益率% |
|---|---|---|---|---|---|---|---|
| 上证综合指数 | 2016-01-31 | 12.94 | 1.65 | 1.19 | 1.03 | 5.01 | 9.15 |
| 上证 180 指数 | 2016-01-31 | 9.46 | 1.34 | 1.04 | 1.13 | 5.45 | 10.13 |
| 上证 50 指数 | 2016-01-31 | 9.18 | 1.30 | 0.94 | 1.26 | 5.76 | 10.19 |
| 沪深 300 指数 | 2016-01-31 | 11.13 | 1.55 | 1.17 | 1.07 | 5.34 | 10.02 |
| 中证 100 指数 | 2016-01-31 | 9.46 | 1.37 | 1.09 | 1.14 | 5.59 | 10.54 |
| 中证 500 指数 | 2016-01-31 | 42.08 | 3.14 | 1.96 | 0.46 | 3.94 | 5.02 |
| 深证成份指数 | 2016-01-31 | 27.78 | 4.12 | 2.44 | 0.72 | 4.39 | 7.97 |
| 深证 100 指数 | 2016-01-31 | 20.02 | 2.99 | 1.95 | 0.99 | 5.08 | 9.81 |
| 中小板指数 | 2016-01-31 | 30.26 | 4.69 | 3.89 | 1.28 | 4.54 | 10.08 |
| 创业板指数 | 2016-01-31 | 38.54 | 4.69 | 3.76 | 0.86 | 4.00 | 8.02 |
| 中小 300 指数 | 2016-01-31 | 55.76 | 8.35 | 9.72 | 0.52 | 3.59 | 7.88 |

数据来源：Wind 资讯

## 3.指数的流动性

指数的流动性对于基金管理人而言,在组合管理上具有重要意义,如果指数的流动性不佳,会不利于管理人建仓,不利于成分股调整操作,不利于日常的申购赎回操作,总体上加大管理成本,甚至影响投资规则的执行。

指数的流动性体现在成分股调整频率与数量、成分股的换手率与市值、成分股的长期停牌与涨跌停情况等因素上。

A 股指数成分股调整一般是每年的 1 月和 7 月,或者每年的 6 月和 12 月,不过有些指数则是每季度调整,如创业板指数。指数之所以为指数而不是组合的一个重要原因是其成分股的每次调整数量必须限制在一定水平之内,如沪深300指数和巨潮100指数均限制在10%以内,实际上真实的调整量比这更小,这也是指数组合的换手要远小于一般组合的原因之一。

成分股的换手与市值,或者是说其日常交易的流动性是衡量指数流动性的重要因素,较高的换手和成交活跃度有利于指数组合管理。

另外,长期停牌与涨跌停情况也会不利于指数组合的管理。

## 4.指数的定制——指数选择的新方法

随着传统指数的深度被开发,以及基金公司在指数产品规划上的个性化、体系化、战略化,定制指数渐成气候。目前,国内两大指数公司,中证指数公司和巨潮指数公司已经开发定制了近30只定制指数,并处于不断上升中,定制的客户主要来自券商和基金公司(见表2-12和表2-13)。

表2-12 中证指数公司的定制指数

| 指数名称 | 基准日期 | 基准点数 | 成分股数量 |
| --- | --- | --- | --- |
| 小康指数 | 2005-12-30 | 1 000 | 100 |
| 光大阳光 | 2004-12-31 | 1 000 | 100 |
| 财富大盘 | 2004-12-31 | 1 000 | 300 |
| 银河99 | 2004-12-31 | 1 000 | 99 |
| 技术领先 | 2003-12-31 | 1 000 | 200 |
| 富国多空 | 2005-12-31 | 1 000 | —— |
| 军工指数 | 2011-6-30 | 1 000 | —— |
| 兴证海峡 | 2011-8-17 | 1 000 | —— |
| 大消费 | 2004-12-31 | 1 000 | 360 |

续表

| 指数名称 | 基准日期 | 基准点数 | 成分股数量 |
|---|---|---|---|
| 食品饮料 | 2004-12-31 | 1 000 | 50 |
| 医药生物 | 2004-12-31 | 1 000 | 100 |
| 有色金属 | 2004-12-31 | 1 000 | 50 |
| 煤炭指数 | 2004-12-31 | 1 000 | 50 |

数据来源:中证指数公司网站

表 2-13 巨潮指数公司的定制指数

| 指数名称 | 指数代码 | 基日 | 基点 | 发布日 | 样本股数量 |
|---|---|---|---|---|---|
| 成长 40R | 399325 | 2002-12-31 | 1 000 | 2006-1-24 | 40 |
| 成长 40P | 399326 | 2002-12-31 | 1 000 | 2006-1-24 | 40 |
| 深证时钟 | 399644 | 2006-12-29 | 1 000 | 2012-3-26 | 100 |
| 泰达指数 | 399358 | 2002-12-31 | 1 000 | 2008-1-2 | 40 |
| 中金消费 | 399364 | 2004-12-31 | 1 000 | 2009-8-3 | 50 |
| 中金新兴 | 399392 | 2009-6-30 | 1 000 | 2012-3-28 | 100 |
| 南方低碳 | 399378 | 2010-6-30 | 1 000 | 2010-9-20 | 50 |
| 投资时钟 | 399391 | 2006-12-29 | 1 000 | 2012-3-26 | 100 |
| 深报指数 | 399351 | 2004-8-31 | 864.38 | 2004-9-1 | 40 |
| CBN一兴业 | 399369 | 2009-6-30 | 1 000 | 2009-11-4 | 100 |
| CBN 长江 | 399355 | 2002-12-31 | 1 000 | 2007-7-2 | 40 |
| CBN 珠江 | 399356 | 2002-12-31 | 1 000 | 2007-7-2 | 40 |
| CBN 渤海 | 399357 | 2002-12-31 | 1 000 | 2007-7-2 | 40 |

数据来源:巨潮指数公司网站

定制指数的途径主要包括两种:独家冠名和合作开发,在形成开发设计思路的基础上,独家冠名将冠名定制公司的名称,并在一定期限内具有独家使用权利,当然费用也较高一些,合作开发则只享有优先的指数使用权。

# (五)指数公司

指数公司是指数投资发展的重要参与方之一,包括指数与指数体系的研发、维护、创新、市场、指数衍生品等方面,对基金公司而言,开发指数化产品的前提条件就是与指数公司就指数使用进行签约,而且新的潮流在于,基金公司个性化指数产品的开发往往是通过与指数公司合作开发指数,并进行市场宣传。

## 1.国内指数公司

指数公司主要分为三类,一是带有官方性质的指数公司——中证指数公司和深圳证券信息有限公司,成为目前 A 股最重要的、被跟踪指数基金最多的指数公司,本部分将以其中的中证指数公司进行分析。二是第三方指数公司,如券商中的申万、中信等,这些指数尤其是行业指数被投资者广泛地用于投资分析。三是合资指数公司,如中信标普、新华富时等,由于多种不利因素,这些指数渐渐淡去。

(1)中证指数的指数体系

中证指数有限公司由上海证券交易所和深圳证券交易所共同出资成立,是一家从事指数编制、运营和服务的专业性公司,其提供的指数系列包括中证系列和上证系列两类。

中证系列指数包括规模、行业、风格、主题、策略、客户定制、海外、债券、期货、基金等类别的指数(见表 2-14)。

**表 2-14 中证指数体系(未列出所有指数)**

| 指数类别 | 指数名称 | 说明 |
|---|---|---|
| 中证规模指数 | 沪深 300 | 大中盘指数 |
| | 中证 100 | 大盘指数 |
| | 中证 200 | 中盘指数 |
| | 中证 500 | 小盘指数 |
| | 中证 700 | 中小盘指数 |
| | 中证 800 | 大中小盘指数 |
| | 中证流通 | 流通全指 |
| | 中证超大 | 超大盘指数 |
| | 中证全指 | 全指数 |
| 中证行业指数 | 沪深 300 行业指数 | |
| | 中证行业指数 | |
| | 中证全指行业指数 | |
| 中证风格指数 | 300 成长 | |
| | 300 价值 | |
| | 300R 成长 | 相对成长指数 |
| | 300R 价值 | 相对价值指数 |
| 中证主题指数 | 中证央企 | |
| | 中证民企 | |
| | 中证地企 | |
| | 中证国企 | |
| | 中证红利 | |
| | 中证龙头 | |
| | 创业成长 | 全市场成长指数 |
| | 中证上游 | 上游指数 |
| | 中证中游 | 中游指数 |
| | 中证下游 | 下游指数 |
| | 中证新兴 | 新兴产业指数 |
| | 300 周期 | 周期指数 |
| | 300 非周 | 非周期指数 |
| | ESG 40 | 可持续发展指数 |
| | 300 沪市 | 300 中的沪市股票指数 |

续表

| 指数类别 | 指数名称 | 说明 |
|---|---|---|
| 中证策略指数 | 基本面 50 | 基本面价值前 50 |
| | 基本面 200 | 基本面价值前 200 |
| | 基本面 400 | 基本面价值前 201～600 |
| | 基本面 600 | 基本面价值前 600 |
| | 等权 90 | 上证 50＋深成指等权重 |
| | 300 分层 | 沪深 300 行业等权＋个股等权 |
| | 500 等权 | 中证 500 等权 |
| | 300 等权 | 沪深 300 等权 |
| 中证客户定制类指数 | 小康指数 | 南方基金 |
| | 光大阳光 | 光大证券 |
| | 财富大盘 | 泰达宏利基金 |
| | 银河 99 | 银河证券 |
| | 技术领先 | 金鹰基金 |
| | 富国多空 | 富国基金 |
| 中证海外指数 | 香港 100 | |
| | 香港内地 | |
| | 海外内地 | |
| | 两岸三地 | |
| | 中证东盟 80 | |
| | 中国五年规划 | |
| | 中国城市化 | |
| 中证债券指数 | 中证全债 | |
| | 中证国债 | |
| | 中证金融债 | |
| | 中证企业债 | |
| 中证债券指数 | 中证综合债 | |
| | 中证央票 | |
| | 中证短融 | |
| | 中证短债 | |
| | 公司债指 | |
| | 分离债指 | |

续表

| 指数类别 | 指数名称 | 说明 |
|---|---|---|
| 中证期货指数 | 商品 CFCI | |
| | 农产 CFCI | |
| | 金属 CFCI | |
| | 化工 CFCI | |
| | 能源 CFCI | |
| 中证基金指数 | 中证基金 | |
| | 股票基金 | |
| | 混合基金 | |
| | 债券基金 | |
| | ETF 基金 | |
| | 货币基金 | |
| | QDII 基金 | |

数据来源：中证指数公司

　　上证系列指数包括重点指数、成分指数、综合指数、行业指数、策略指数、风格指数、主题指数、基金指数、债券指数、定制指数等类别的指数（见表 2-15）。

**表 2-15　上证指数体系（未列出所有指数）**

| 指数名称 | 基准日期 | 成分股数量 |
|---|---|---|
| 重点指数 | | |
| 上证 180 | 2002-6-28 | 180 |
| 上证 50 | 2003-12-31 | 50 |
| 上证 380 | 2003-12-31 | 380 |
| 上证 100 | 2003-12-31 | 100 |
| 上证 150 | 2003-12-31 | 150 |
| 上证指数 | 1990-12-19 | 977 |
| 国债指数 | 2002-12-31 | 121 |

续表

| 指数名称 | 基准日期 | 成分股数量 |
|---|---|---|
| 成分指数 | | |
| 上证 180 | 2002-6-28 | 180 |
| 上证 50 | 2003-12-31 | 50 |
| 上证 380 | 2003-12-31 | 380 |
| 超大盘 | 2003-12-31 | 20 |
| 上证中盘 | 2003-12-31 | 130 |
| 上证小盘 | 2003-12-31 | 320 |
| 上证中小 | 2003-12-31 | 450 |
| 上证全指 | 2003-12-31 | 500 |
| 沪企债 30 | 2008-12-31 | 30 |
| 上证 100 | 2003-12-31 | 100 |
| 上证 150 | 2003-12-31 | 150 |
| 综合指数 | | |
| 上证指数 | 1990-12-19 | 977 |
| 新综指 | 2005-12-30 | 918 |
| A 股指数 | 1990-12-19 | 924 |
| B 股指数 | 1992-2-21 | 53 |
| 行业指数 | | |
| 上证能源 | 2003-12-31 | 30 |
| 上证材料 | 2003-12-31 | 50 |
| 上证工业 | 2003-12-31 | 50 |
| 上证可选 | 2003-12-31 | 50 |
| 上证消费 | 2003-12-31 | 30 |
| 上证医药 | 2003-12-31 | 30 |

续表

| 指数名称 | 基准日期 | 成分股数量 |
|---|---|---|
| 上证金融 | 2003-12-31 | 30 |
| 上证信息 | 2003-12-31 | 30 |
| 上证电信 | 2003-12-31 | 9 |
| 上证公用 | 2003-12-31 | 29 |
| 380 能源 | 2003-12-31 | 12 |
| 策略指数 | | |
| 180 等权 | 2002-6-28 | 180 |
| 180 分层 | 2002-6-28 | 180 |
| 180 波动 | 2002-6-28 | 100 |
| 380 波动 | 2003-12-31 | 99 |
| 50 基本 | 2003-12-31 | 50 |
| 180 基本 | 2002-6-28 | 178 |
| 风格指数 | | |
| 180 成长 | 2002-6-28 | 60 |
| 180 价值 | 2002-6-28 | 60 |
| 380 成长 | 2003-12-31 | 120 |
| 380 价值 | 2003-12-31 | 118 |
| 主题指数 | | |
| 红利指数 | 2004-12-31 | 50 |
| 180 金融 | 2002-6-28 | 28 |
| 上证周期 | 2003-12-31 | 50 |
| 非周期 | 2003-12-31 | 100 |
| 上证龙头 | 2003-12-31 | 70 |
| 上证商品 | 2003-12-31 | 50 |

续表

| 指数名称 | 基准日期 | 成分股数量 |
|---|---|---|
| 上证新兴 | 2003-12-31 | 50 |
| 上证资源 | 2003-12-31 | 50 |
| 上证上游 | 2003-12-31 | 52 |
| 上证中游 | 2003-12-31 | 198 |
| 上证下游 | 2003-12-31 | 172 |
| 基金指数 | | |
| 基金指数 | 2000-5-8 | 37 |
| 债券指数 | | |
| 国债指数 | 2002-12-31 | 121 |
| 企债指数 | 2002-12-31 | 579 |
| 沪公司债 | 2007-12-31 | 410 |
| 沪分离债 | 2007-12-31 | 13 |
| 定制指数 | | |
| 沪财中小 | 2004-12-31 | 199 |

数据来源:中证指数公司

(2)中证指数的产品服务

中证指数公司提供的产品服务包括:

①指数授权

A. 指数用户在发布中证系列指数(及中证指数公司受托管理系列指数)指数行情和衍生产品前,向中证指数公司申请,获得授权。B. 以中证系列指数(及中证指数公司受托管理系列指数)作为业绩衡量基准的投资产品,需要在向有关部门报送审批材料前,获得中证指数有限公司授权。C. 以中证系列指数(以及中证指数公司受托管理系列指数)为跟踪指数进行指数化投资(包括但不限于完全复制指数型、增强指数型等)的投资产品,需要在向有关部门报送审批材料前,获得中证指数有限公司授权。D. 有意在沪深证券交易所推出以中证系列指数(以及中证指数公司受托管理系列指数)为跟踪指数的 ETF(交易型开放式指数基金),需与拟上市交易所沟通达成初步意向后,向中证指数有限公司申请,获得指数授权。E. 拟发行海外上市 ETF,直接向中证指数有限公司申请,获得指数授权。F. 以中证系列指数(以及中证指数公司受托管理系列指数)为基础,加工产生衍生指数,需事先获得中证指数有限公司授权。G. 指数用户对外发布(转发)中证系列指数(以及中证指数公司受托管理系列指数)指数行情(含实时与延时),均需获得中证指数有限公司授权。

②指数定制

指数用户除了可以选择现有中证系列指数(以及中证指数公司受托管理系列指数)开发衍生投资产品,也可根据投资产品特点,申请定制指数。定制指数包括冠名定制和非冠名定制,冠名定制指数名称中包含申请定制方名称,如中证南方小康产业指数。定制指数属于中证系列指数,由中证指数有限公司负责维护、管理,并向申请定制方颁发指数使用授权。

典型案例:中证南方小康产业指数。2005 年 7 月份,南方基金管理公司向中证指数公司提出申请,定制指数用于开发 ETF 产品,中证指数有限公司研究后同意为南方基金管理公司定制指数。中证指数有限公司经过协调沟通、制定备选方案、模拟测试、方案筛选、试运行等阶段后,于 2006 年 1 月 9 日起通过沪深证券交易所行情系统,向市场发布中证南方小康产业指数。2006 年 1 月,南方基金管理有限公司获得小康指数使用授权,向市场推出基于该指数开发指数投资产品(ETF 形式)。

③数据服务

作为专业的指数服务公司,中证指数有限公司为客户提供指数数据服务,包括指数历史、实时行情,指数高频历史行情,成分股清单,成分股权重,指数追溯日收盘行情,指数高频追溯行情,股本数据,明细股本,自由流通股本数据,股本调整事件等。

④指数衍生品

A. ETF,截至 2014 年年底,跟踪公司指数的 ETF 共 97 只,包括在上海交易所、深圳交易所、香港交易所、大阪交易所、东京交易所、瑞士交易所、伦敦交易所、德意志交易所、意大利交易所、纽约交易所、台湾交易所等全球市场上市挂牌交易。B. 联接基金。C. 指数基金,包括一般指数基金、增强型、分级、LOF 等形式的指数基金截至 2014 年年底共 85只。D. A 股第一只股票指数期货——沪深 300 指数期货。E. 基金公司业绩基准,包括中证或上证指数一揽子基准。

## 2.海外指数公司

海外著名的指数公司非常多,最负盛名的有美国的标准普尔公司、罗素指数公司、英国的富时公司、香港的恒生指数公司等等,本部分将以标准普尔为例进行分析。

1860 年普尔公司由普尔先生创立。1941 年普尔出版公司与标准统计局合并,标准普尔公司成立。1966 年麦格劳—希尔公司(McGraw-Hill)兼并标准普尔公司。

现在,标准普尔作为麦格劳—希尔集团的子公司,专为全球资本市场提供独立信用评级、指数服务、风险评估、投资研究和数据服务,在业内一向处于领先地位。

其中,标普的指数服务在全球业界久负盛名,指数体系几乎无所不包,涵盖了全球,以及各个市场和区域的,分为证券、固定收益、经济、主题、策略、不动产等各个资产领域的指数系列(见表 2-16),不仅为市场参与者提供分析工具,更主要的是其提供了全球指数化投资产品的目标指数,以及为不计其数的投资产品提供业绩基准。最著名的标准普尔 500 指数早已成为美国市场的通用基准,标准普尔 1200 指数已经成

为全球市场的基准。目前,全球约 1.5 万亿美元投资资产与标准普尔
指数直接挂钩。超过 5 万亿美元的资产以标准普尔 500 指数为基准,
这一金额超过世界上任何其他指数。

表 2-16　标普系列指数(未全部列出)

| 指数类别 1 | 指数类别 2 | 指数名称 |
|---|---|---|
| 股票 | 全球 | S&P Global BMI |
| | | S&P Global 1200 |
| | | S&P ADR Index |
| | 美国 | S&P 500 |
| | | S&P MidCap 400 |
| | | S&P SmallCap 600 |
| | | S&P 500 Growth and Value |
| | | S&P SmallCap 600 Growth and Value |
| | | S&P SmallCap 600 Capped Sector Indices |
| | | S&P Consumer Finance Index |
| 股票 | 加拿大 | S&P/TSX 60 |
| | 亚洲 | S&P Asia 50 |
| | | S&P/IFCI Asia |
| | | S&P Southeast Asia 40 |
| | 新兴市场 | S&P/IFCI |
| | | S&P Emerging BMI |
| | | S&P CIVETS 60 |
| | 欧洲 | S&P Europe 350 |
| | 房地产 | S&P Global Property |
| | | S&P Global Property 40 Index |
| | | S&P US REIT |
| | 低碳环保 | S&P U.S. Carbon Efficient |
| | | S&P/IFCI Carbon Efficient |
| | | S&P/EGX ESG Index |

续表

| 指数类别 1 | 指数类别 2 | 指数名称 |
|---|---|---|
| 固定收益 | 美国市政 | S&P National AMT-Free Municipal Bond Index |
| | | S&P Taxable Municipal Bond Index |
| | 宽基市政债券 | S&P Municipal Bond Index |
| | | S&P Municipal Bond State Indices |
| | 信用违约互换 | S&P/ISDA Credit Default Swap U.S. Benchmark Indices |
| | | S&P/ISDA Credit Default Swap Sector Indices |
| | 杠杆贷款 | S&P/LSTA Leverage Loan 100 Index |
| | 货币市场 | S&P Commercial Paper Index |
| | 美国国债 | S&P/BGCantor U.S. TIPS Index |
| | | S&P/BGCantor U.S. Treasury Bill Index |
| | 全球固定收益 | S&P/Citigroup International Treasury Bond Indices |
| | | S&P Eurozone Government Bond Index |
| | | S&P International Corporate Bond Index |
| 经济 | 住房价格 | S&P/Case-Shiller Home Price Indices |
| | 消费信贷 | S&P/Experian Consumer Credit Default Indices |
| | 医疗支出 | S&P Healthcare Economic Indices |
| 主题 | 绿色投资 | S&P Asia Water |
| | | S&P Global Eco Index |
| | | S&P Global Timber and Forestry |
| | | S&P Global Water Index |
| | 基础设施 | S&P Asia Infrastructure |
| | | S&P Emerging Markets Infrastructure Index |
| | | S&P Global Infrastructure |
| | 自然资源 | S&P Global Agribusiness Index |
| | | S&P Global Natural Resources Index |
| | 基于故事 | S&P Listed Private Equity Index |
| | 商品生产者 | S&P Commodity Producers Agribusiness |
| | | S&P Commodity Producers Gold |
| | | S&P Commodity Producers Oil and Gas |
| | 奢侈品 | S&P Global Luxury Index |

续表

| 指数类别 1 | 指数类别 2 | 指数名称 |
|---|---|---|
| 策略 | 股利投资系列 | S&P International Preferred Stock Index |
| | | S&P/TSX North American Preferred Stock Index |
| | | S&P U.S. Preferred Stock |
| | 货币指数 | S&P Chinese Renminbi Index |
| | | S&P Indian Rupee Index |
| | 基金系列 | S&P U.S. Select Plus Custom Index |
| | 风险控制 | S&P 500 Risk Control Indices |
| | 反向与杠杆 | S&P 500 Inverse Daily |
| | | S&P 500 2x Inverse Daily |
| | | S&P 500 2x Leverage Daily |
| | 资产配置指数 | S&P Balanced Equity and Bond Index Series |
| | | S&P Dynamic Multi Asset Strategy |
| | | S&P Target Date |
| | | S&P Target Risk |
| 策略 | 量化策略指数 | S&P 500 130/30 Strategy |
| | | S&P/TSX 60 130/30 Strategy |
| | | S&P All STARS |
| | | S&P Factor Index Series |
| | | S&P GIVI Global |
| | 公司集群 | Mitsubishi Group Cluster |
| | X-Alpha 与 Alpha 控制 | S&P Alpha Control 3 Strategy Index |
| | | S&P X-Alpha USD Total Return Strategy Index |
| | | S&P X-Alpha USD Excess Return Strategy Index |
| | 特定指数 | S&P 500 High Beta |
| | | S&P 500 Low Volatility |
| | 借券 | S&P Securities Lending Index Series |

数据来源:标普指数

我们继续就最为著名的标普 500 指数及其标的指数基金产品做些阐述。

标准普尔 500 指数英文简写为 S&P 500 Index,是记录美国 500 家上市公司的一个股票指数。其覆盖的所有公司,都是在美国主要交易所,如纽约证券交易所、纳斯达克交易的上市公司。与道琼斯指数相比,标准普尔 500 指数包含的公司更多,因此风险更为分散,能够反映更广泛的市场变化。标准普尔 500 指数是由标准普尔公司 1957 年开始编制的。最初的成分股由 425 种工业股票、15 种铁路股票和 60 种公用事业股票组成。从 1976 年 7 月 1 日开始,其成分股改由 400 种工业股票、20 种运输业股票、40 种公用事业股票和 40 种金融业股票组成。它以 1941 年至 1942 年为基期,基期指数定为 10,采用加权平均法进行计算,以股票上市量为权数,按基期进行加权计算。与道琼斯工业平均股票指数相比,标准普尔 500 指数具有采样面广、代表性强、精确度高、连续性好等特点,被普遍认为是理想的股票指数期货合约标的、指数基金标的,以及业绩基准指数。

标普 500 指数被开发了许多形式的指数化产品,其中以道富的 SPDR S&P 500 ETF 为首,该基金成立于 1993 年 1 月 22 日,为全球第一只交易所交易基金,截至 2016 年 1 月 13 日,该基金资产净值为 1 599亿美元(见图 2-15)。

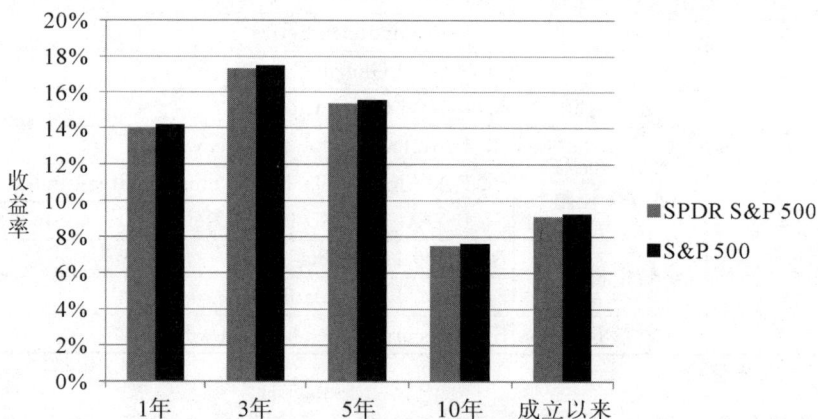

图 2-15　SPDR S&P 500 的业绩表现

数据来源:www.ssga.com.

# 第三章

## 指数投资的历史与发展

指数投资的大类类型:传统指数基金、ETF、增强指数基金、指数杠杆基金等类别,各有各的历史与发展。

传统指数基金仍然是目前最多最大的一个类别,是指以传统股票指数为跟踪基准,复制指数成分股以求跟踪误差最小化,不追求超额收益,一般不在交易所上市交易的指数基金。

ETF 则是交易所上市交易的开放式基金,即交易所交易基金,通常是更便捷更高效的指数基金,其相对于传统指数基金,具有一篮子成分股申赎、更低成本、套利机制、变相 T+0 交易、更严密的跟踪误差、免税等特点。

增强指数基金则是被动投资辅以部分主动投资的产物,在原有100%跟踪成分股的基础上,允许少量放宽跟踪误差要求,释放少量的头寸进行主动操作,目的是长期中获得稍优于指数收益的业绩,这种基金的核心本质在于被动投资融合部分主动增强策略投资。

指数杠杆基金有两种,一是指数分级基金的劣后级份额(相对于优先份额),其通常具备 1.6~2.5 倍的杠杆,二是杠杆 ETF(leveraged or reversed ETF)通常有正负 1.5,正负 2,甚至正负 3 倍的杠杆,杠杆一般通过股指期货、互换等衍生品手段来实现。

# (一)海外指数投资的历史与发展

## 1.美国指数基金的历史与发展

指数基金是美国量化投资的重要组成部分,也是量化投资的最原始类型,并且数据透明可查。美国第一只开放式指数基金诞生于 1975年,诞生地是 John Bogle 于 1974 年成立的先锋集团(The Vanguard Group,该公司成为日后全球最大型的且专注于指数投资基金的资产管理公司),这只基金的本意在于跟随市场指数,获得市场的平均收益,很快其跟踪基准就被切换为当时市场上最新生的指数,也是日后美国市场最著名的投资指数标的——标准普尔 500 指数。在当时,这一行为完全不被市场理解,同行们都认为,仅仅获得市场平均收益的投资理想是可笑幼稚的,但是对于 John Bogle 和先锋来说,他们早已经做好了充分的理论和实际准备。

理论方面,支持指数基金的就是鼎鼎有名的市场有效理论,早在1951 年,John Bogle 从普林斯顿毕业时的论文中即已提出共同基金无法显著超越市场平均收益的观点。后来大量研究证明了其观点的正确性,1973 年,Burton Malkiel 提出了"华尔街随机游走",证明大多数的共同基金跑不赢市场指标。Paul Samuelson 1974 年 的"Challenge to Judgment",Charles Ellis 1975 年的"The Loser's Game",以及 Al Ehrbar 1975 年在《财富》杂志上关于指数的文章,都证明了指数基金发展的理论基石的存在。实际方面,要管理包含几百只股票的基金,在当时还是有很高难度的,于是,John Bogle 开始使用计算机来管理被动指数组合,这也是最早的量化投资方式。

Bogle 的先锋 500 指数基金在实际发展中,再次获得市场证实,其发行早期的规模仅仅 1 000 万美元,但是到 2011 年中期其规模已经增长到了 1 080 亿美元,这一规模在共同基金中名列前茅。

在此之前的 1971 年,富国银行(Wells Fargo)发行了全球第一只指数基金,主要面向机构投资人,但并没有获得成功。

根据 ICI(Investment Company Institute,美国投资公司协会)2014 年底数据,美国指数基金规模为 2.1 万亿美元,相对于 2013 年底的 1.7 万亿美元,又增长了 0.4 万亿美元,增长率为 23.5%。从跟踪指数的分布看,其中高达 33% 的规模以标普 500 指数为跟踪标的,37% 跟踪其他国内股票指数,18% 跟踪债券和混合指数,12% 跟踪全球股票指数(见图 3-1)。

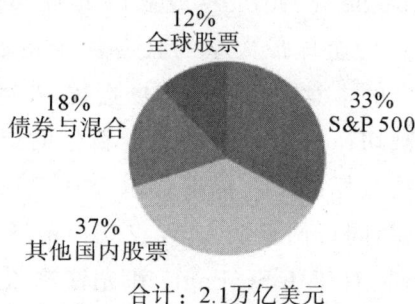

**图 3-1　美国指数基金资产在标的指数上的分布,2014 年底**

数据来源:ICI

美国指数基金在数量和规模上保持长期的持续增长态势,自 2000 年至 2014 年,指数基金数量由 271 只增加到 382 只,指数基金的资产规模由 3 840 亿美元增加到 20 530 亿美元。其中 2014 年指数基金数量增加了 11 只,规模由 17 340 亿美元增加到 20 530 亿美元,增长率为 18.4%。

指数基金在共同基金中的地位也不断提升,股票指数基金与股票共同基金的规模占比从 2000 年的 9.4% 提升到 2014 年的 20.2%。其中 2014 年相对 2013 年占比再提升 1.8%。

指数基金持续获得资金净流入,2014 年指数基金的投资需求继续增长,净资金流入为 1 480 亿美元,其中 490 亿美元的资金流入到债券和混合指数基金,610 亿美元的资金流入到国内股票指数基金,剩下的380 亿美元的资金流入到全球或国际股票指数中(见图 3-2、3-3、3-4)。

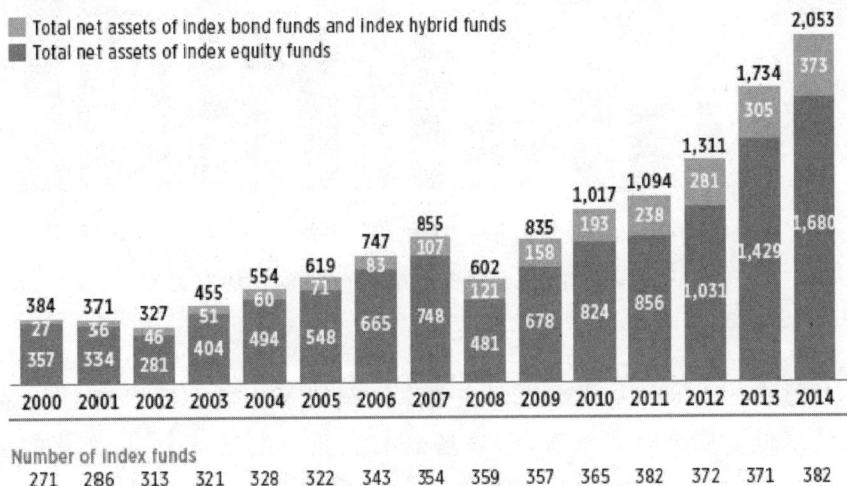

Total net assets of index bond funds and index hybrid funds
Total net assets of index equity funds

| | 2000 | 2001 | 2002 | 2003 | 2004 | 2005 | 2006 | 2007 | 2008 | 2009 | 2010 | 2011 | 2012 | 2013 | 2014 |
|---|---|---|---|---|---|---|---|---|---|---|---|---|---|---|---|
| Total | 384 | 371 | 327 | 455 | 554 | 619 | 747 | 855 | 602 | 835 | 1,017 | 1,094 | 1,311 | 1,734 | 2,053 |
| Bond/hybrid | 27 | 36 | 46 | 51 | 60 | 71 | 83 | 107 | 121 | 158 | 193 | 238 | 281 | 305 | 373 |
| Equity | 357 | 334 | 281 | 404 | 494 | 548 | 665 | 748 | 481 | 678 | 824 | 856 | 1,031 | 1,429 | 1,680 |

Number of index funds
271 286 313 321 328 322 343 354 359 357 365 382 372 371 382

**图 3-2 美国指数基金数量与规模发展(单位:10 亿美元)**

数据来源:ICI

| 2000 | 2001 | 2002 | 2003 | 2004 | 2005 | 2006 | 2007 | 2008 | 2009 | 2010 | 2011 | 2012 | 2013 | 2014 |
|---|---|---|---|---|---|---|---|---|---|---|---|---|---|---|
| 9.4 | 10.2 | 10.9 | 11.4 | 11.6 | 11.4 | 11.6 | 11.8 | 13.4 | 14.0 | 14.9 | 16.4 | 17.3 | 18.4 | 20.2 |

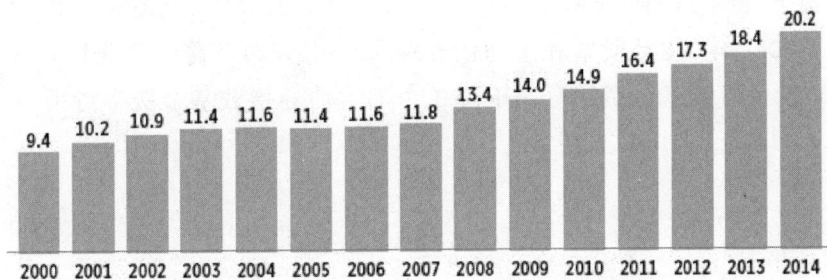

**图 3-3 美国股票指数共同基金与股票共同基金规模占比持续上升(单位:%)**

数据来源:ICI

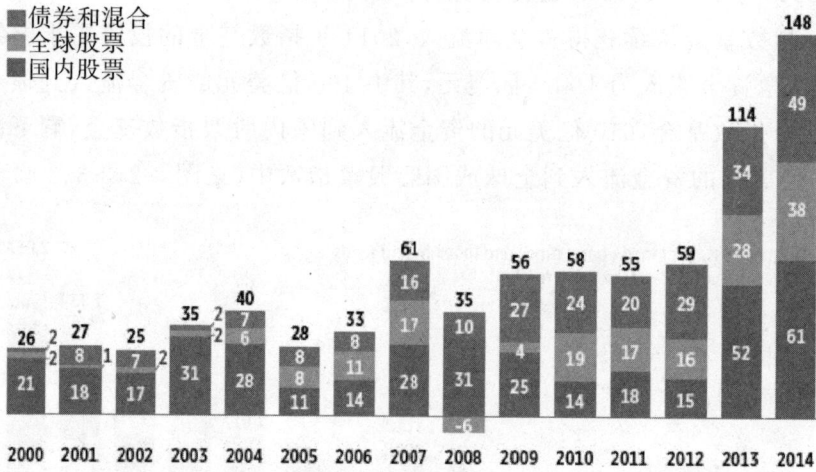

图 3-4　美国指数基金净资金流入分布（单位：10 亿美元）

数据来源：ICI

　　过去的 15 年中，指数基金在费率上坚持了一贯的低费率，并且在持续降低。从绝对费率看，指数基金大幅低于主动基金；从变化幅度看，2000 年至 2014 年，主动股票基金的费率从 106BP（基点）下降到 86BP，主动债券基金从 78BP 下降到 63BP，降幅分别是 19％、19％，而股票指数基金费率则由 27BP 大幅下降到 11BP，债券指数基金由 21BP 大幅下降到 11BP，降幅要大得多，分别是 59％、48％（见图 3-5）！

　　2014 年，主动股票和主动债券基金费率分布下降 3 个 BP 和 2 个 BP，股票指数基金费率分布下降 1 个 BP，债券指数基金费率持平。

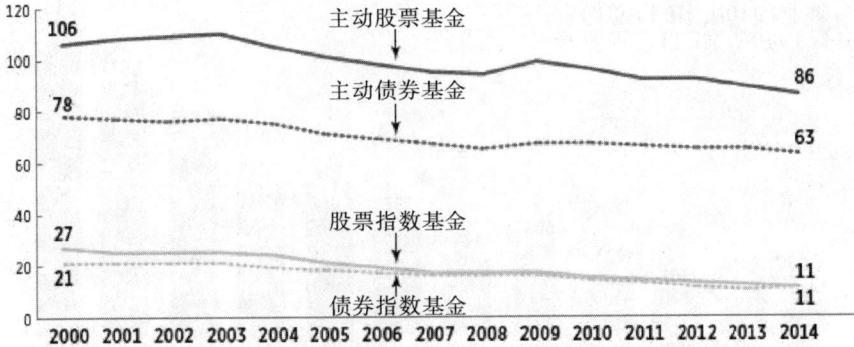

**图 3-5　指数基金与主动基金费率比较(单位:BP)**

数据来源:ICI

## 2.美国 ETF 的历史与发展

美国第一只 ETF 诞生于 1993 年,由道富环球投资(State Street Global Advisors)与美国证券交易所合作推出的 SPDR S&P500,该基金通过全新的 ETF 管理系统进行管理,2016 年 2 月初规模已达 1 698 亿美元。

关于美国 ETF 发展的数据,请见下面的一些图例:

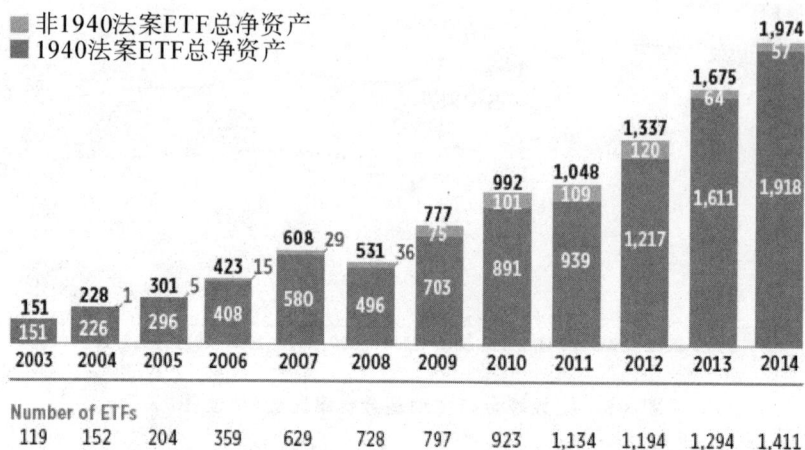

图 3-6　美国 ETF 历年数量与规模(单位:10 亿美元)

数据来源:ICI

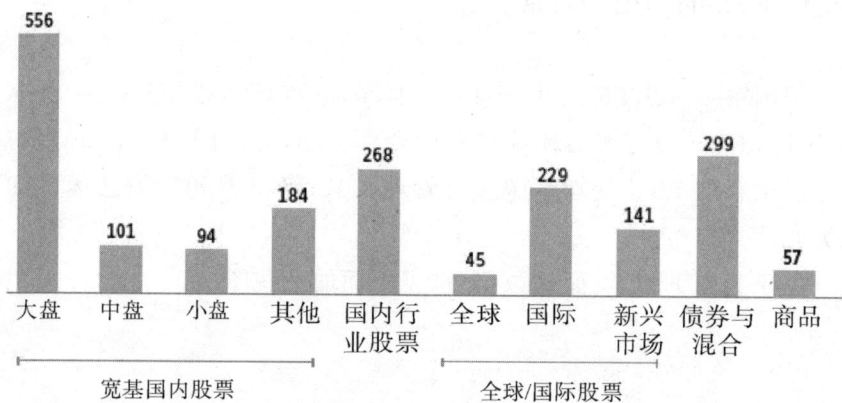

图 3-7　美国各类 ETF 的净资产规模(单位:10 亿美元,2014 年底)

数据来源:ICI

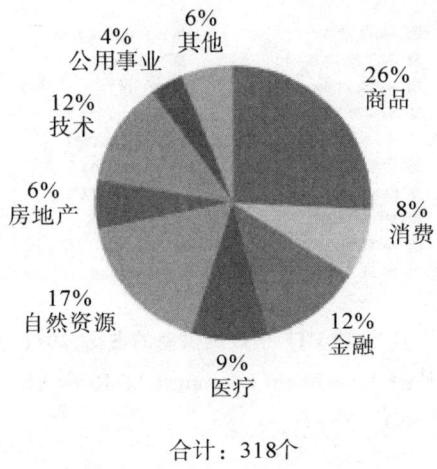

合计：318个

**图 3-8　美国商品与行业 ETF 分类的数量占比，2014 年底**

数据来源：ICI

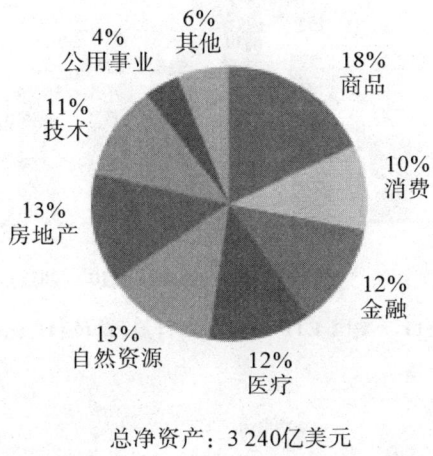

总净资产：3 240亿美元

**图 3-9　美国商品与行业 ETF 分类的规模占比，2014 年底**

数据来源：ICI

图 3-10    全球 ETF 指数提供商的占比,2011 年中

数据来源:BlackRock Investment Institute-ETF Research,Bloomberg,National Stock Exchange (NSX)

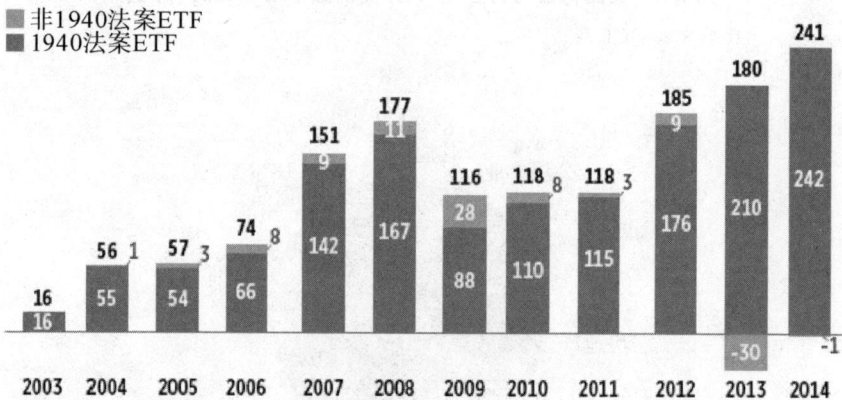

图 3-11    美国 ETF 历年净发行量(单位:10 亿份)

数据来源:ICI

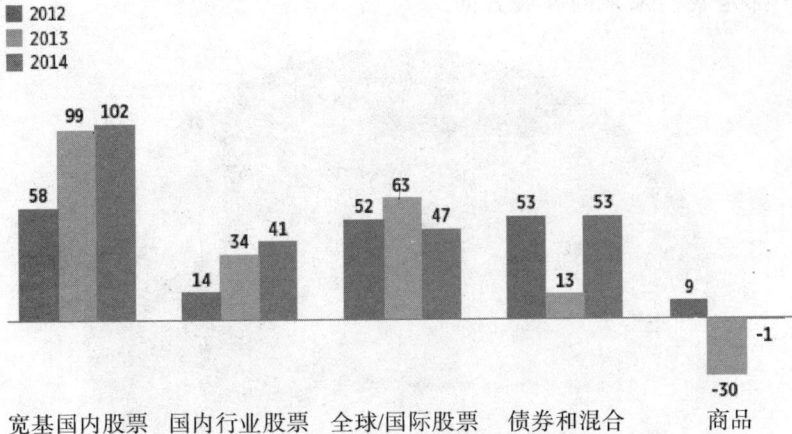

**图 3-12 美国各类 ETF 的最近三年净发行量(单位:10 亿份)**

数据来源:ICI

关于美国 ETF 的发展情况,以上的图例已经解释的非常清楚了,就不再一一赘述了。整体看来,美国 ETF 在全球占据绝对地位,其发展趋势总结如下:

数量趋势:从 1993 年第一只 ETF,到 2014 年底,美国 ETF 数量已达 1 411 只。国内第一只 ETF 诞生于 2004 年,10 年后的 2015 年底,ETF 数量已经发展到 129 只。

规模趋势:美国,从 1993 年的 4.64 亿美元,发展到 2014 年底的 197 40 亿美元,其在 2000 年之前的年均增长率都在 100%以上,2000 年之后的年均增长率也保持在 30%左右,即使 2008 年大熊市也仅仅下降了 12%。而国内 ETF 规模从 2004 年底的 54 亿元,发展到 2015 年底的 4700 多亿元,发展速度也十分迅猛。

类别趋势:美国市场 ETF 类别发展先后为:国内宽基股票 ETF(包括风格、主题等)——国际股票 ETF——国内行业 ETF——债券 ETF——商品 ETF——合成 ETF——积极管理 ETF——杠杆 ETF。而国内目前主要是前面几类,尤其国内宽基股票 ETF,其他类别的

ETF 都是我们未来的发展方向。

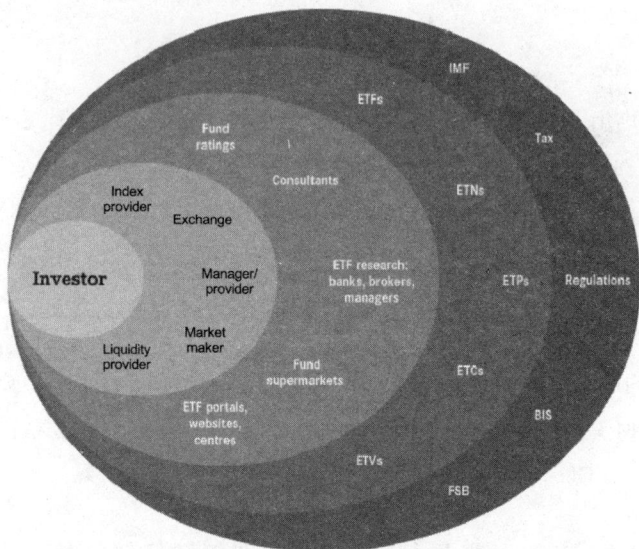

图 3-13　ETF 生态系统

数据来源：BlackRock Investment Institute－ETF Research

## 3.美国增强指数基金的历史与发展

20 世纪 90 年代初,增强型指数基金开始逐渐兴起,之所以被称为增强,是因为这类基金试图获得稍微超越基准指数的收益,通常其策略是增加小量跟踪误差的暴露,来获得一些相对基准的超额收益表现,如 $1\% \sim 3\%$ 的年化超额收益。增强指数基金策略的本质是,在被动型运作的基础上,加上一定比例的 alpha 投资策略,并将跟踪误差控制在一定范围内,以期获得增强的业绩。尽管理论上,增强的业绩只是"少量"的,但是这些"少量",在投资者尤其是机构投资者看来,其长期年化的预期超额收益是大大增加的。

因此这类基金在美国获得了很快的发展,根据美国《养老金和投资》杂志的调查,1994 年到 2000 年,增强型指数基金总规模从 330 亿美元增加到 3 650 亿美元。

增强策略主要包括三种:基本面增强、量化增强、合成增强,当然也有将这三种策略结合起来的方法。

## 4.美国创新型指数基金的历史与发展

提到创新,大家总是说美国,美国近年来到底有哪些指数基金上的创新,实际上让人记忆深刻的并不多。实际上,美国近年来在共同基金上的创新主要集中在衍生品和融资融券方面,一是借助融资融券的 130/30 基金,二是借助衍生品的杠杆 ETF(leveraged ETF)。

(1)130/30 基金

以 130/30 基金为代表的 1×0/×0 基金被称为扩展型主动基金(active extension funds),是近年国际金融市场兴起的基金投资策略,是主动性投资与以指数为基准的多空头相结合的投资方法。130/30基金的投资方式介于传统做多基金与多空策略型对冲基金之间,具体地讲,就是基金份额全部以指数为基准投资于多头,同时,利用杠杆融入相当于基金原有净值 30%的证券(融券),并抛空,然后再将抛空所得的现金建多仓,基金的实际投资组合变为多头 130%(100% ＋30%),空头 30%,基金的净权益风险敞口仍然保持在大约 100%。因此,虽然利用了投资杠杆,130/30 基金仍然保持着市场的风险暴露程度(即 beta 系数接近于 1)(见图 3-14)。

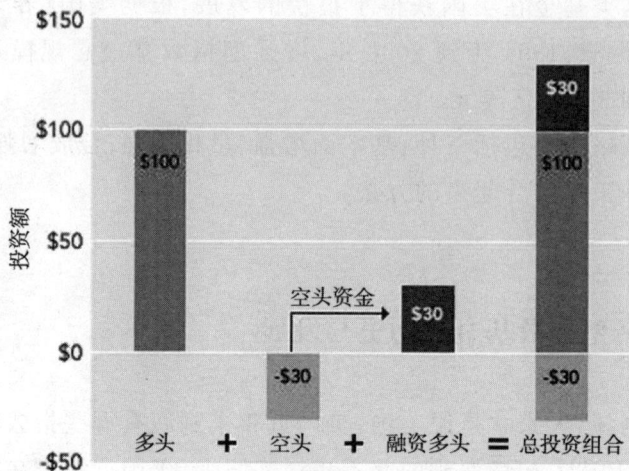

**图 3-14 130/30 基金的原理与构成**

数据来源:www.Fidelity.com

为什么选择 130/30 的多空结构而不是 140/40,150/50,最主要的原因是监管政策:在美国,美联储 T 条例(Regulation T)规定客户风险敞口不能高于投资资本金的两倍,欧盟监管者同样限制市场风险敞口的上限为 200%。因此,卖空部分被限制为 50%,对应着 150/50 基金。许多研究表明,随着杠杆和融券比例的提高,运用这种策略投资的基金边际超额收益在下降,而风险大幅度提高。一些模拟证实了高水平的跟踪误差与高水平的空头头寸相关。Alford(2006)在其研究报告中指出了 alpha 和跟踪误差的关系:在同样的跟踪误差上,从单多头到 120/20 所得到的好处要大于从 120/20 到 140/40,当卖空从 0 增长到 40%,alpha 在不断增加,但幅度却越来越小。同样,卖空的优势会因为成本增加而减弱,这些成本包括:多空头总体头寸增加带来的换手成本和空头借贷成本,特别是后者对卖空的优势构成极大的损害。以实际数字来看,类似 130/30 方式的主动型基金市场分布,120/20 为 25%、125/25 为 19%、130/30 为 52%,至于 140/40 则只有 5%,也可以看出

130/30 基金的市场主导地位(见图 3-15)。

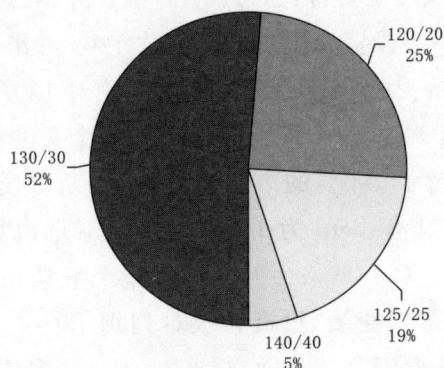

**图 3-15 1×0/×0 基金的市场份额**

数据来源:New York Life Investment Management,130/30 Strategies:Myths and Realities

数量化方法,主要是选股方法在 130/30 基金的多空头寸可以得以运用,数量化方法的优势在于能够运用于大量的股票,包括被卖空的股票,而不需要对多头组合所运用的程序进行修改,换言之,这种方法是可扩展的。在程序中排名垫底的股票一般被多头基金经理所忽视,而很可能被 130/30 基金经理所卖空。例如,Axa Rosenberg 开发的"130/30 有限卖空策略"的商业化软件每三分钟对 19 000 只个股进行扫描和评估;道富(SSGA)的全球 alpha 前沿评估 2 000 只股票;高盛资产管理(GSAM)采用的系统能够同时评估全球 6 500 只股票。

130/30 基金的优势主要有:(1)产生更高的 alpha 的能力。通过在组合中引入做空能够使得基金经理通过超配看好的股票来改善预期 alpha 的同时,卖空不具有吸引力的投资品种。(2)卖空增强风险管理。130/30 基金经理能够同时及时卖空以对冲市场风险,这提供了有效保护收益的重要风险管理手段。(3)130/30 依旧保持在传统股票配置之内。由于 130/30 组合能够完全暴露于市场,该组合能够适应传统的股票配置。

130/30 基金的风险主要有：(1)130/30 组合并不是对冲策略，而是一种多头策略。这一点投资者很可能会低估 130/30 组合的风险，一位 130/30 基金经理在接受《金融新闻报》时说："我对 130/30 基金的投资者会认为他们投资于对冲组合有所担忧。"从整个头寸构成情况来看，130/30 组合依然保持了 100％的市场风险暴露，从本质上讲依然是多头基金(long only)，具有 beta 为 1 的属性，而不是市场中性(market neutral)的对冲基金。(2)130/30 组合对于整个股票市场而言相对较新，缺乏较为长期的跟踪业绩，投资者很难判别 130/30 组合的管理者是否具有优秀的杠杆投资业绩和做空能力。(3)许多传统型的基金经理缺乏做空的经验。做空交易并非是传统投资的反面，首先，在卖空中将碰到更多交易方面问题，例如融券成本、券源不足以及融券回补时的流动性；卖空理论上具有无限损失的可能，这对风险管理提出了较高的要求，需要基金经理对组合和仓位水平具有较强的综合风险管理能力。

S&P 是第一个发布 S&P 500 130/30 策略指数的公司(见图 3-16)，其构建主要是包括两个部分：第一，持有 100％的 S&P 500 指数；第二，通过利用(Standard & Poor's Stock Appreciation Ranking System，STARS)标普股票评级系统，选出相对于 S&P 500 指数的较高收益(out performance)和较低收益(under performance)各 30 只股票，构建多头组合和空头组合，较高收益股票每只超配 1％，较低收益股票每只卖空 1％。该指数的权重和成分股每个季度进行一次调整。

目前，多数国际资产管理巨头发行了 130/30 类基金产品，如富达、先锋、梅森、摩根、ING 等。

香港作为国际金融中心之一，投资工具相当丰富，而且以欧洲为主的资产管理公司在香港拥有较大的市场份额。已经有国际知名的资产管理公司面向香港投资者推出 130/30 基金，其中最早的为 2007 年 9 月香港证监会首只批准的 130/30 基金——景顺全方位欧洲 130/30 基金，该基金采用可转让证券集体投资计划Ⅲ（UCITS Ⅲ）形式。截至

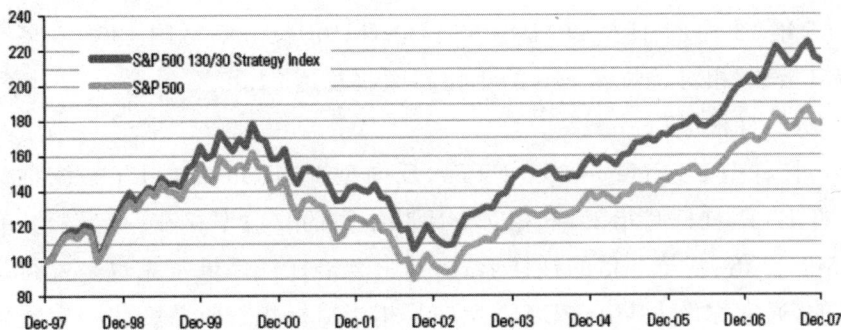

**图 3-16　S&P 130/30 和 S&P 500 比较（1997.12—2007.12）**

数据来源：S&P 500 130/30 Strategy Index

2008 年 6 月，香港证监会允许在香港市场销售的这类基金共有 5 只（见表 3-1）。内地投资者也能够借道香港涉足于 130/30 基金的投资。

**表 3-1　香港证监会批准销售的 130/30 基金**

| 产品名称（伞基金） | 子基金名称 | 产品分类 | 发起人 |
| --- | --- | --- | --- |
| 景顺基金 | 景顺全方位欧洲 130/30 基金 | 单位信托和共同基金 | INVESCO Management S.A. |
| 景顺基金 | 景顺全方位美国 130/30 基金 | 单位信托和共同基金 | INVESCO Management S.A. |
| 美盛环球基金系列 | 百骏 130/30 环球股票基金 | 单位信托和共同基金 | Self-Managed |
| Magnus | 苏黎世国际景顺全方位欧洲 130/30 基金 | 集合退休基金 | Zurich International Life Limited |
| Robeco Capital Growth Funds | 荷宝欧洲 130/30 股票 | 单位信托和共同基金 | Robeco Luxembourg S. A. |

数据来源：香港证监会

在 A 股市场，富国基金在 2011 年 7 月，与中证指数公司合作发行了一只130/30多空策略指数,打开国内先河。历史模拟业绩显示,从2005年12月31日至2011年6月30日,"沪深300富国130/30多空策略指数"相对于沪深300的年化超额收益达24.38%。

(2)杠杆ETF

杠杆型ETF(leveraged ETF)、反向型ETF(inverse ETF)统称为杠杆ETF,杠杆是指ETF相对于跟踪指数的收益率存在一定倍数,有1.5倍、2倍,甚至3倍的杠杆形式,其中2倍杠杆是最常见也是发行最多的,通常称之为Ultra ETF;反向是指当目标指数收益变化一定比例时,此ETF的净值反向变化相应的比例;两者的结合使用也是常见的,从而产生了杠杆做空型ETF,最流行的是双倍杠杆做空ETF。实际上,我们将这些类型的ETF分为两类,即Bull ETF和Bear ETF,前者是指实现对指数收益正的倍数跟踪的ETF,后者是指对指数收益负的倍数跟踪的ETF,通俗的说,看多买Bull ETF,看空买Bear ETF。

世界上第一支杠杆兼反向型ETF是瑞典于2005年2月发行的XACT Bear ETF,XACT Bear ETF的日收益是OMXS30指数日收益的负1.5倍,理论上,当指数在一个交易日增长了1%时,ETF的净值将减少1.5%,相反,当指数在一个交易日下跌了1%时,ETF的净值将增长1.5%。

美国方面,ProShares无疑是此类产品的始创者,2006年6月21日,ProShares在American Stock Exchange(Amex)推出了8只此类创新型ETF,分别是4只Short ETF和4只Ultra ETF(见表3-2),这一举措得到美国监管当局以及交易所的大力支持与褒扬。

表3-2  ProShares最早发行的8只反向及杠杆型ETF

| 基金简称 | 日跟踪目标收益 | 代码 |
| --- | --- | --- |
| Short QQQ ProShares | Inverse of the NASDAQ-100 Index | PSQ |
| Short S&P 500 ProShares | Inverse of the S&P 500 Index | SH |
| Short Dow 30 ProShares | Inverse of the Dow Jones Industrial Average | DOG |

续表

| 基金简称 | 日跟踪目标收益 | 代码 |
|---|---|---|
| Short MidCap 400 ProShares | Inverse of the S&P MidCap 400 | MYY |
| Ultra QQQ ProShares | Double the NASDAQ−100 Index | QLD |
| Ultra S&P 500 ProShares | Double the S&P 500 Index | SSO |
| Ultra Dow30 ProShares | Double the Dow Jones Industrial Average | DDM |
| Ultra MidCap 400 ProShares | Double the S&P MidCap 400 | MVV |

数据来源:www.ProShares.com

目前,ProShares 相关的产品数量已经高达 64 只,涵盖了市值、风格、行业、国际指数以及固定收入等各类指数的杠杆、做空型 ETF,其中包括一只标的为新华富时中国 25 指数的 UltraShort FTSE/Xinhua China 25 ProShares ETF,它跟踪的是新华富时中国 25 指数日变化的 −2 倍。

与传统的 ETF 或者对冲基金相比,由于杠杆卖空型 ETF 的杠杆及非融券卖空特征,使得其相对来说具有更多优势。(1)杠杆优势:传统 ETF 并不具有杠杆功能,只能紧跟目标指数的收益变动,对于投资者来说,在市场向好时只能取得指数收益,并不能享有财务杠杆优势。对冲基金往往具有很高的杠杆,其杠杆功能发挥透彻,但是其风险和投资门槛也极高,普通投资者较难涉足。而杠杆型 ETF 则突破这一切,使得投资者可以获得两倍,甚至三倍于指数的收益,同时这也非常适合于熊市中的反弹机会捕获。(2)非融券卖空优势:反向 ETF 做空并不是基于融券卖空实现的,而是基于指数类衍生工具实现的,这一点得到了美国监管部门以及交易所的大力支持与认同,因为监管部门一直顾虑于对冲基金运用融券卖空等手法对市场进行价格操纵等负面嫌疑,而反向 ETF 则不必顾虑,更不会被指责对市场造成过度打压,因而基金管理者和投资者在操作与投资上都更具有透明性、公平性和安全性。(3)反向投资优势:反向 ETF,如 UltraShort,为反向投资者提供了一个极佳的工具，在牛市的短暂调整中，投资者可以通过 UltraShort 依然获取高收益；这也是熊市中的一棵摇钱树，在此次金融危机中，大部分基金价值及规模都大幅下降，但是很多反向 ETF 产品不仅获得了50％以上的收益，其规模也在迅速地扩大。（4）ETF 的优势：作为 ETF 类产品，它享有普通 ETF 所有的优点，比如交易方便，流动性较好，交易费用与管理成本较低；同时，比起普通 ETF 又有些新的优点，比如，ProShares 的反向产品是使用现金进行申购和赎回的，这比起一篮子证券来要简单方便得多；反向 ETF 为投资者提供了间接参与卖空的工具，而不必亲自进行融券卖空或做空指数期货、期权，这大大减小了投资风险。

　　此类产品也具有一些特定的风险，其主要风险来自跟踪误差及高波动风险，跟踪误差方面，例如：假设 S&P 500 指数当日下跌 2％，次一个交易日反弹 1％，则该指数两天来的跌幅是1.02％，若投资人买了一只两倍杠杆的 ETF，这二日跌幅便达2.08％，而非"2 倍"。虽然2.08％、2.04％看来差异不大，但若以复利计算，则长期追踪指数的差异度将更为明显，反之，在市场下跌时，杠杆型 ETF 的跌幅也超过两倍于指数的跌幅。目前单日或短期而言，杠杆 ETF 的精准度还是较高的，但长期来说则无定论。因此，目前美国市场上的杠杆与卖空型 ETF 都会特别强调投资者不应期待其产品追踪指数差异的正确度，投资者必须先了解其长期误差问题。高波动风险也是投资者需要注意的，投资者在获得杠杆收益的同时，也可能由于看错方向而产生较大的损失。

　　ProShares Ultra S&P 500 是双倍杠杆 ETF 的杰出代表，它是 ProShares 于 2006 年 6 月 21 日在美国证券交易所（American Stock Exchange，Amex)推出的 4 只杠杆型 ETF 之一，也是美国市场上最早的杠杆型 ETF 之一（见图 3-17）。

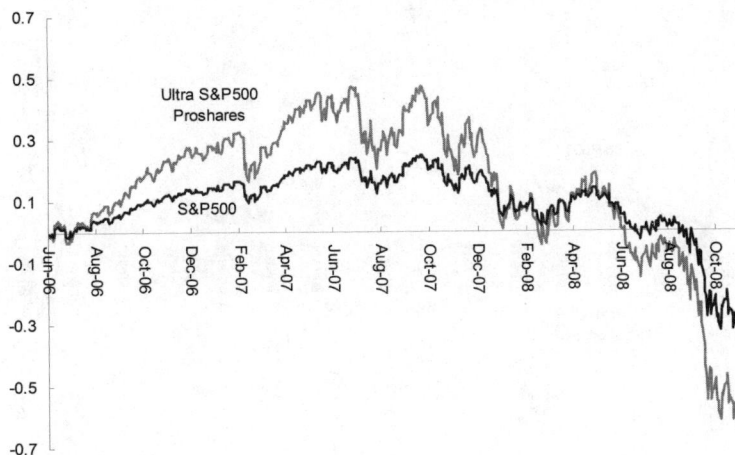

**图 3-17　ProShares Ultra S&P 500 与 S&P 500 收益走势对比图**

数据来源：雅虎财经

　　ProShares UltraShort S&P 500 是双倍杠杆反向型 ETF 的杰出代表，紧随第一批 ProShares 产品之后，于 2006 年 7 月 11 日推出。

　　从 ProShares UltraShort S&P 500 与 S&P 500 收益走势来看（见图 3-18），明显地看出 UltraShort 杠杆与反向的表现，其年化收益也十分接近 S&P 500 年化收益的负两倍，经过风险调整的收益也大大高于后者，这也充分反映了反向 ETF 是逆市中的投资利器。其年化跟踪误差也较大，而 beta 值只有 −1.4764，说明此类产品跟踪误差确实存在较大的不确定性，但总体上并不违背其反向原则。

　　除了 ProShares 的大量杠杆 ETF，先锋、Ishares、State Street 等 ETF 巨头也都发行了相关的产品。

　　目前国内还没有推出杠杆 ETF，但指数公司、基金公司等相关机构都在努力尝试。中证指数公司于 2013 年推出了沪深 300 杠杆指数系列和沪深 300 指数期货指数系列，其中，后者是通过持有沪深 300 指数期货并逐月展期的方法进行指数化投资的标的，具体见表 3-3。

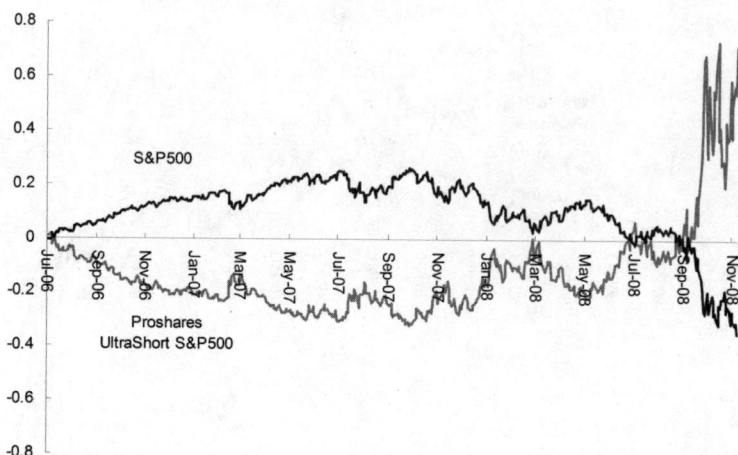

**图 3-18　ProShares UltraShort S&P 500 与 S&P 500 收益走势对比图**

数据来源:雅虎财经

表 3-3　沪深 300 杠杆指数系列和沪深 300 指数期货指数系列

| 系列名称 | 中文名称 | 中文简称 |
|---|---|---|
| 沪深 300 杠杆<br>指数系列 | 沪深 300 两倍杠杆指数 | 300 两倍 |
| | 沪深 300 反向指数 | 300 反向 |
| | 沪深 300 反向两倍杠杆指数 | 300 反两 |
| 沪深 300 指数期货<br>指数系列 | 沪深 300 指数期货指数 | 300 期指 |
| | 沪深 300 指数期货两倍杠杆指数 | 期指两倍 |
| | 沪深 300 指数期货反向指数 | 期指反向 |
| | 沪深 300 指数期货反向两倍杠杆指数 | 期指反两 |

数据来源:中证指数公司

　　部分基金公司也向监管部门上报了相关杠杆 ETF 的申请材料,但暂时未获批复,我们认为,杠杆型及反向型 ETF 产品的推出需要建立在较完备的衍生品市场,以及衍生品投资能力之上,同时需要像 ProShares 那样得到监管部门的大力支持,目前衍生品市场完善程度,以及风险投资能力,可能还存在一定的欠缺,但我们相信,我们的等待不会太久。

# (二)国内指数投资的历史与发展

图 3-19 展示了我国基金品种的主流发展阶段路径,尽管指数类产品已有十多年的历史,但指数基金的潮流要远落后于其他类型的基金产品,2009 年以来才是其发展的热潮。

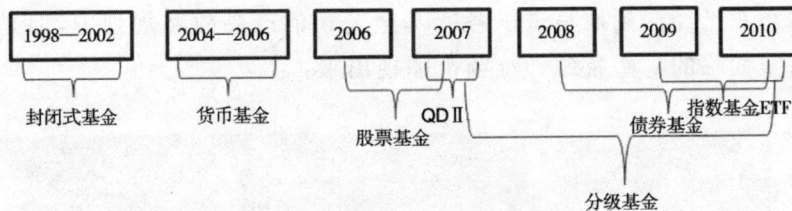

图 3-19 我国基金类型发展热潮序列

我们分别从指数基金、ETF、增强型指数基金等三个类别,分析在 A 股的历史和现状:

## 1.国内指数基金发展

早在公募基金刚刚诞生的时候,国内即已考虑发展指数基金,2003 年,第一只指数基金发行成立,跟踪上证 180 指数。

到 2012 年,单单该类指数基金数量已达 51 只,产品种类也十分丰富,不仅在指数标的上,在资产类别、权重方式、分级方式等方面也都有尝试（见图 3-20）。

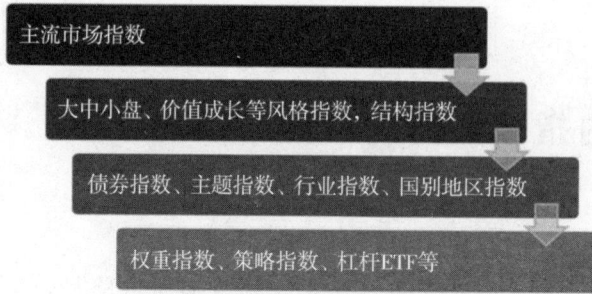

**图 3-20　国内指数基金发展（部分未面世）**

　　我们看到国内指数基金近年来发展非常快速（见图 3-21），这种良好的势头已经深刻地写进了各家基金公司的产品战略规划中，但是指数基金面临的一些瓶颈和难题也体现出来：

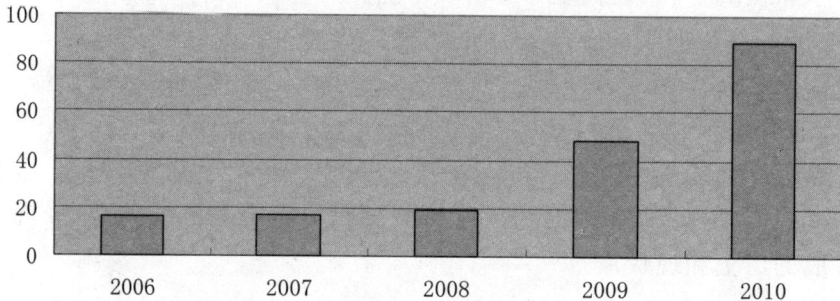

**图 3-21　国内指数基金数量发展**

数据来源：Wind 资讯

- 指数资源稀缺
- 指数基金规模瓶颈
- 指数基金与总体基金规模占比已达 5.6%，其中股票指数基金与权益基金占比为 15.27%，股票指数基金与股票型基金占比已高达 65%，超过美国水平。

所以,在未来一段时间,市场将出现的情形是,指数基金数量仍较快增加,但总规模增速可能变缓,对此,我们认为属于正常现象,破局之略在于布局＋创新! 布局要求运用战略眼光寻找未来品种,创新要求把细分指数产品做到极致。

单位:亿元

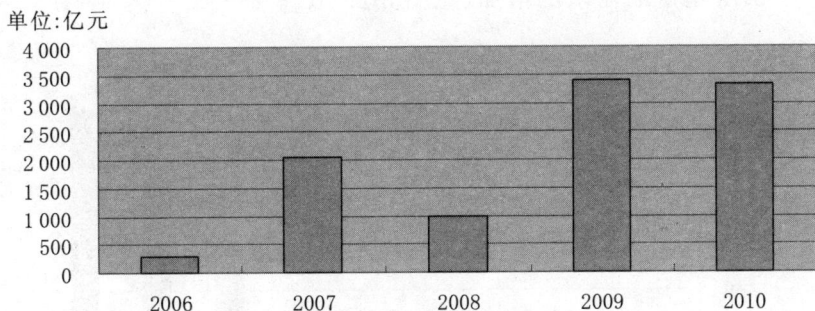

图 3-22 国内指数基金规模发展

数据来源:Wind 资讯

## 2.国内 ETF 发展

早在 2001 年,上交所就 ETF 发展与华夏基金进行了大量的研究合作,最终在 2004 年初,上交所推出上证 50 指数,不久的年末,华夏上证 50ETF 正式发行,该 ETF 也成了日后 A 股市场规模最大、交易最活跃的 ETF 之一。2006 年国内再次发行了 4 只 ETF,直到 2009 年,ETF 发行开始爆发,截至 2015 年底,ETF 数量已达 130 只,总规模约 4 700亿元,其中由于 2015 年货币 ETF 的爆发式发展,规模井喷近 3 000亿元,债券 ETF、商品 ETF、境外 ETF 也开始逐渐发展。

关于近年 ETF 爆发式增长,我们总结其原因有:

• ETF 便利的交易性质,流动性良好;

• 经历 2007 年大牛市和 2009 年小牛市,人们发现涨的最好的是

ETF 和指数基金,而多数主动基金跑输指数,指数的 beta 属性
和配置意义得到初步认可;

* 保险等机构投资者大幅进军 ETF 投资,我们看到 ETF 的十大
  持有人基本上都是保险;

* beta 型产品需求的增加(见图 3-23、图 3-24)。

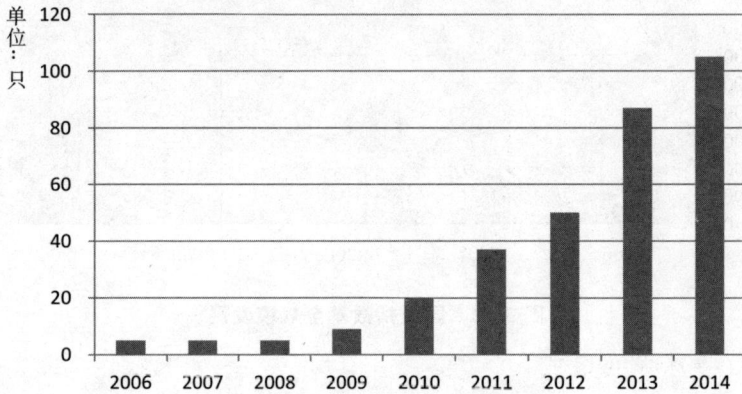

**图 3-23　国内 ETF 数量发展**

数据来源:Wind 资讯

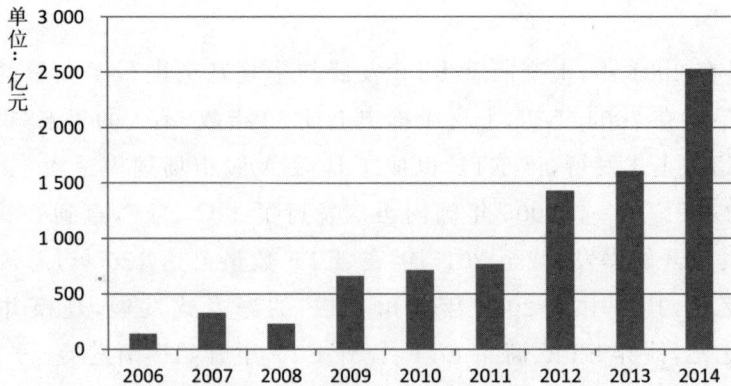

**图 3-24　国内 ETF 规模发展**

数据来源:Wind 资讯

### 3.国内量化增强指数基金发展

国内增强指数基金的发展可以说已经有很长的历史,但量化增强还是较新的事物。早期的指数基金中,有相当部分都设计成了增强型,尽管目前其增强方法并不得知,但基本上都不是纯粹采用量化方法增强(见表3-4)。

表3-4　国内增强指数基金增强方法

| 证券简称 | 基金成立日 | 2011年三季末资产净值<br>(亿元) | 增强方法 |
|---|---|---|---|
| 华安 MSCI 中国 A 股 | 2002-11-08 | 46.67 | 未知 |
| 易方达上证 50 | 2004-03-22 | 192.32 | 基本面增强 |
| 长城久泰沪深 300 | 2004-05-21 | 15.70 | 未知 |
| 银华道琼斯 88 精选 | 2004-08-11 | 79.11 | 未知 |
| 富国天鼎中证红利 | 2008-11-20 | 8.36 | 量化增强 |
| 国富沪深 300 | 2009-09-03 | 9.50 | 量化增强 |
| 中银中证 100 | 2009-09-04 | 17.80 | 量化增强 |
| 富国沪深 300 | 2009-12-16 | 34.71 | 量化增强 |
| 宝盈中证 100 | 2010-02-08 | 0.50 | 量化增强 |
| 中海上证 50 | 2010-03-25 | 3.21 | 量化增强 |
| 中欧沪深 300 | 2010-06-24 | 2.03 | 未知 |
| 兴全沪深 300 | 2010-11-02 | 17.72 | 未知 |
| 浦银安盛沪深 300 | 2010-12-10 | 2.04 | 未知 |
| 金鹰中证技术领先 | 2011-06-01 | 1.09 | 未知 |
| 富国中证 500 | 2011-10-12 | — | 量化增强 |
| 大摩深证 300 | 2011-11-15 | — | 量化增强 |
| 中邮上证 380 | 2011-11-22 | — | 量化增强 |

注:增强方法主要来自调研和交流,并不完全准确

但近几年发行的增强指数基金中,有相当部分采用量化增强的方法,而这些增强的标的指数也基本是国内最主流的股票指数。2011年,富国沪深 300 增强指数基金获得了显著的超越沪深 300 指数的收益,再次引起了市场的强烈关注,开始不断有同行打探其"投资秘诀",简单来说,其投资原理是基于行业中性的多因子选股增强。

关于为什么量化增强方式成为指数增强的主流方式,我们总结为以下几点:

- 量化方法能够从操作环节、资产层面、跟踪误差等众多角度进行良好的风险控制,保证基金运作符合契约规定;
- 量化增强沿袭了量化人员对指数基金管理的习惯;
- 增强指数基金也是 beta 产品,beta 产品的原则之一在于其投资透明度,而量化增强方法相对于其他增强方法具有更高的透明度,更利于投资者接受和理解。

我们认为,量化方法的增强指数基金在国内还将有很好的发展机会和空间,也是增强的主流方式。

# (三)海外典型指数基金管理公司

本部分,我们通过海外一些典型的指数基金公司,加深对指数投资的认识,分别是专注指数基金的先锋基金(Vanguard),专注于 ETF 的巴克莱全球投资(Barclays Global Investors,简称 BGI),以及亚洲区域日兴资产的量化指数增强团队。

## 1.先锋基金

John Bogle 于 1974 年创立了先锋集团,1975 年先锋 500 指数基金发行,这是世界上第一只面向个人投资者的指数型共同基金,该基金也是日后最大的共同基金之一,其规模近年来几乎一直保持在 1000 亿美元以上。之后先锋基金又取消了购买基金时的销售佣金,极大降低了投资成本。1982 年美国政府实施了 401(K)个人养老金计划,大量的养老金资产涌入了证券市场,先锋基金快速进入该市场,抢占了相当的市场份额。1983 年又推出了折扣经纪业务,进一步降低投资成本。1986 年,先锋基金发行了首只针对个人投资者的债券指数基金——先锋全债券市场指数基金。1990 年推出首只国际股票指数基金。2001 年,随着 ETF 的迅速发展,先锋创新发行了 ETF 联接基金,从而方便了零售投资者的 ETF 投资。

先锋基金几十年来奉行的信仰就是市场有效理论,指数基金就是给投资者提供有效、便利、丰富的投资工具,并且坚持给予客户低成本的投资便利(其平均基金费率为 0.2%,而共同基金的费率平均为 1.19%),并给予投资者丰富的工具选择(见图 3-25)。

先锋基金从股票指数、债券指数、平衡投资,以及货币指数等四个角度分别提供 88、43、18、11 只,总计 160 只指数基金,如此丰富的产品,几乎可以给任何一个类型的工具型投资者,无论是个人投资者,还是机构投资者。

先锋基金的服务体系十分完善,不仅完善了传统的指数基金销售,还针对养老金、教育基金、年金、经纪业务、特定目标等群体,实施了全面的投资咨询和指导体系(见图 3-26)。

**Equity investments (88)** »

| | Value | Blend | Growth |
|---|---|---|---|
| Large | 9 | 16 | 9 |
| Med | 4 | 4 | 4 |
| Small | 3 | 5 | 4 |
| Int'l | 1 | 11 | 3 |
| Sector | 14 | | |

**Fixed income investments (43)** »

| | Short | Inter | Long |
|---|---|---|---|
| Trsy/Agcy | 4 | 8 | 4 |
| Inv Grd Corp | 2 | 2 | 2 |
| Below Inv Grd | - | 1 | - |
| Federal tax-free | 2 | 1 | 2 |
| State tax-free | - | 1 | 7 |

**Balanced investments (18)** »

| Traditional | Target Risk | Target Date | Managed Payout |
|---|---|---|---|
| 6 | 4 | 4 | 3 |

**Money market investments (11)** »

| Taxable | Federal tax-free | State tax-free |
|---|---|---|
| 4 | 2 | 5 |

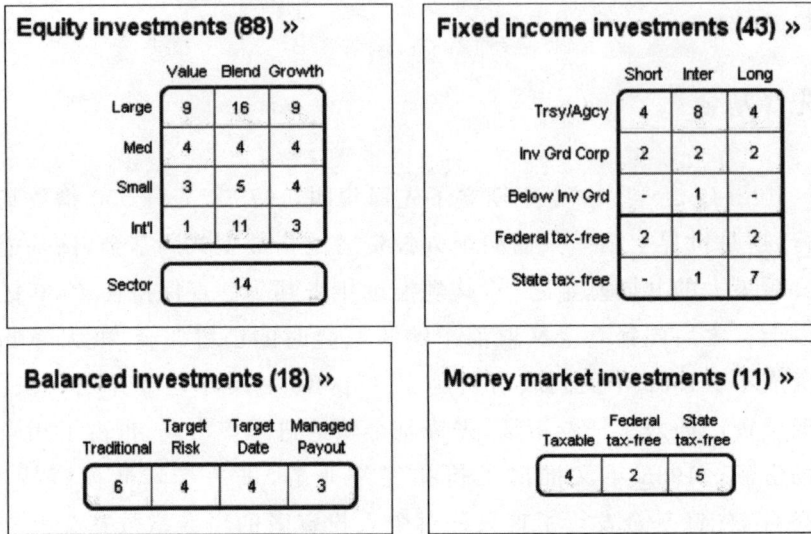

图 3-25　先锋基金提供的指数工具十分丰富

数据来源:先锋基金

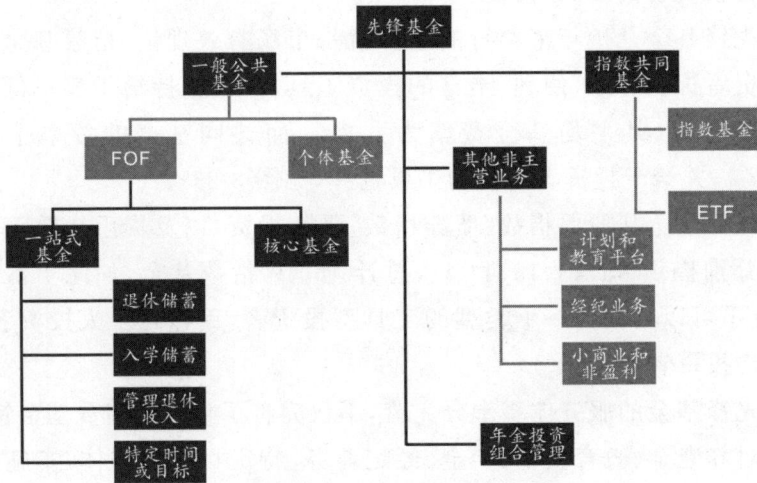

图 3-26　先锋基金产品服务图

数据来源:先锋基金

## 2.iShares——ETF

iShares 现为 BlackRock 旗下的专业化管理 ETF 的家族成员,在此之前隶属于巴克莱(Barclays Global Investors),其 ETF 上市市场遍布全球:伦敦交易所(London Stock Exchange)、美交所( American Stock Exchange)、纽交所( New York Stock Exchange)、BATS 交易所、港交所( Hong Kong Stock Exchange)、多伦多交易所(Toronto Stock Exchange)、澳大利亚证券交易所(Australian Securities Exchange),以及其他一些欧洲和亚洲交易所,iShares 是当前美国乃至全球最大的 ETF 发行管理商。

iShares 以 WEBS(World Equity Benchmark Shares 的简称)形式的 ETF 闻名,早年巴克莱与摩根斯坦利合作发行了一系列的跟踪国外股票指数的 WEBS,2000 年,巴克莱做出一个重大的 ETF 市场战略决策——建立 iShares 品牌,并同时发行了 40 多只新的产品用以开拓市场和客户,WEBS 很快被命名为“the iShares MSCI Series”。

2006 年 11 月,iShares 以 2.4 亿欧元的价格收购了欧洲 ETF 管理商 HypoVereins 银行,从而确立其在欧洲市场的 ETF 领导地位。

2009 年,巴克莱宣布拟将 iShares 出售给 CVC Capital Partners,后者答应以超过 40 亿美元的价格交易。但随后的 6 月 11 日,BlackRock 宣布,他们执行协议,将向巴克莱银行(BCS)收购 Barclays Global Investors,包括 ETF 平台 iShares,根据交易,BlackRock 将以 3 780 万股 BlackRock 普通股与 66 亿美元现金,收购 BGI。

iShares 在 ETF 市场做了不计其数的创新,下面的组图展示了其相关业务数据,已经非常翔实,就不再一一阐述了。

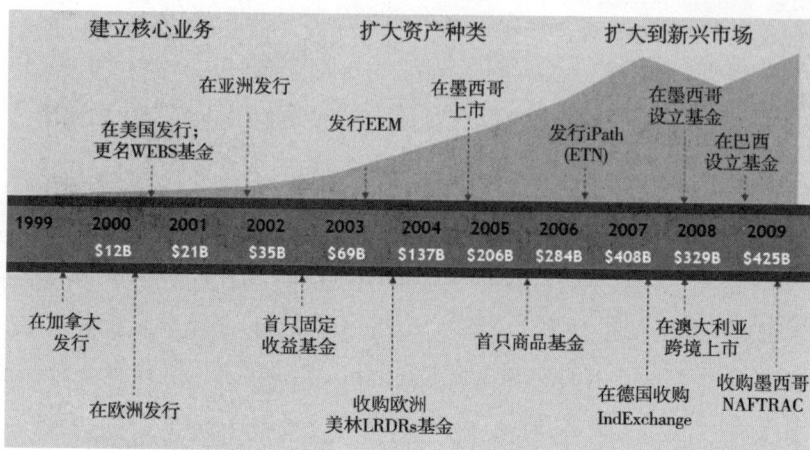

图 3-27　iShares 创新历史

数据来源：BlackRock

| | 美国 | 欧洲 | 拉丁美洲 | 亚洲 | 合计 |
|---|---|---|---|---|---|
| 发达国家股票类 | 135 | 95 | – | 1 | 231 |
| 发展中国家股票类 | 24 | 18 | 18 | 13 | 73 |
| 股票型合计 | 159 | 113 | 18 | 14 | 304 |
| 固定收益类 | 32 | 40 | – | | 72 |
| 商品类 | 3 | 1 | – | | 4 |
| 衍生品类 | 1 | 6 | | | 7 |
| 特别类 | 12 | 12 | – | 1 | 24 |
| 合计 | 207 | 172 | 18 | 14 | 411 |

图 3-28　iShares ETF 数量高达 411 只

数据来源：BlackRock

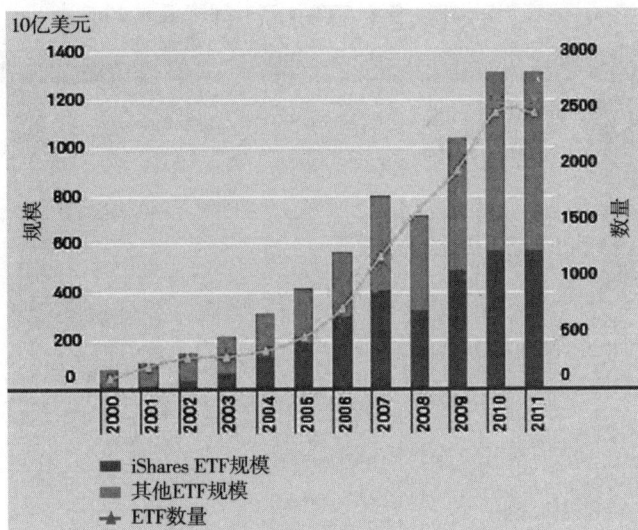

**图 3-29 iShares ETF 数量与规模**

数据来源:BlackRock

| 全球情况 | |
|---|---|
| ETF数量 | 2 436 |
| 资产管理规模 | 1.152万亿美元 |
| 提供商 | 164 |

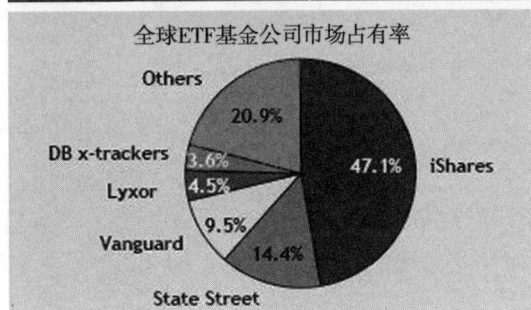

**图 3-30 2012 年初 iShares 市场占有率**

数据来源:BlackRock

表 3-5　2011 年中 ETF 资产管理规模前 20

| ETF | Country listed | Ticker | AUM (US$ Mn) | ADV ('000 shares) | ADV (US$ Mn) |
|---|---|---|---|---|---|
| SPDR S&P 500 | US | SPY US | $92,053.3 | 200,351 | $25,886.6 |
| Vanguard MSCI Emerging Markets ETF | US | VWO US | $50,280.3 | 15,615 | $742.4 |
| iShares MSCI EAFE Index Fund | US | EFA US | $39,620.2 | 18,862 | $1,119.7 |
| iShares MSCI Emerging Markets Index Fund | US | EEM US | $38,748.8 | 48,126 | $2,245.3 |
| iShares S&P 500 Index Fund | US | IVV US | $27,609.6 | 2,764 | $358.6 |
| PowerShares QQQ Trust | US | QQQ US | $22,845.7 | 48,162 | $2,673.9 |
| iShares Barclays TIPS Bond Fund | US | TIP US | $20,944.2 | 756 | $83.7 |
| Vanguard Total Stock Market ETF | US | VTI US | $20,077.0 | 1,939 | $129.3 |
| iShares Russell 2000 Index Fund | US | IWM US | $16,618.0 | 64,045 | $5,134.9 |
| iShares iBoxx $ Investment Grade Corporate Bond Fund | US | LQD US | $13,777.3 | 796 | $88.2 |
| iShares Russell 1000 Growth Index Fund | US | IWF US | $13,554.9 | 2,021 | $119.6 |
| iShares MSCI Brazil Index Fund | US | EWZ US | $12,781.2 | 12,341 | $891.4 |
| iShares Barclays Aggregate Bond Fund | US | AGG US | $11,851.0 | 1,074 | $115.2 |
| iShares Russell 1000 Value Index Fund | US | IWD US | $11,638.3 | 1,556 | $103.8 |
| iShares S&P/TSX 60 Index Fund | Canada | XIU CN | $11,504.6 | 18,237 | $361.9 |
| iShares S&P MidCap 400 Index Fund | US | IJH US | $11,479.8 | 807 | $76.9 |
| S&P 400 MidCap SPDR | US | MDY US | $11,086.3 | 2,337 | $404.4 |
| iShares DAX (DE) | Germany | DAXEX GY | $10,877.3 | 1,355 | $129.2 |
| Vanguard Total Bond Market ETF | US | BND US | $10,242.4 | 864 | $70.5 |
| iShares S&P 500 | United Kingdom | IUSA LN | $9,907.5 | 6,849 | $88.1 |

数据来源：BlackRock

表 3-6　2011 年中 ETF 日均交易量前 20

| ETF | Country listed | Ticker | ADV (US$ Mn) | ADV ('000 shares) | AUM (US$ Mn) |
|---|---|---|---|---|---|
| SPDR S&P 500 | US | SPY US | $25,886.6 | 200,351 | $92,053.3 |
| iShares Russell 2000 Index Fund | US | IWM US | $5,134.9 | 64,045 | $16,618.0 |
| PowerShares QQQ Trust | US | QQQ US | $2,673.9 | 48,162 | $22,845.7 |
| iShares MSCI Emerging Markets Index Fund | US | EEM US | $2,245.3 | 48,126 | $38,748.8 |
| Energy Select Sector SPDR Fund | US | XLE US | $1,535.4 | 20,948 | $9,009.9 |
| Financial Select Sector SPDR Fund | US | XLF US | $1,166.8 | 77,803 | $7,308.8 |
| iShares MSCI EAFE Index Fund | US | EFA US | $1,119.7 | 18,862 | $39,620.2 |
| iShares MSCI Brazil Index Fund | US | EWZ US | $891.4 | 12,341 | $12,781.2 |
| iShares Barclays 20+ Year Treasury Bond Fund | US | TLT US | $839.0 | 8,719 | $2,888.9 |
| SPDR Dow Jones Industrial Average ETF | US | DIA US | $742.8 | 6,150 | $9,639.3 |
| Vanguard MSCI Emerging Markets ETF | US | VWO US | $742.4 | 15,615 | $50,280.3 |
| Direxion Daily Small Cap Bull 3x Shares | US | TNA US | $725.0 | 9,788 | $764.2 |
| Industrial Select Sector SPDR Fund | US | XLI US | $675.4 | 18,775 | $4,004.3 |
| Direxion Daily Small Cap Bear 3x Shares | US | TZA US | $658.8 | 16,942 | $612.3 |
| iShares FTSE China 25 Index Fund | US | FXI US | $643.7 | 15,069 | $7,157.6 |
| ProShares Ultra S&P500 | US | SSO US | $628.7 | 12,480 | $1,681.9 |
| iShares Dow Jones US Real Estate Index Fund | US | IYR US | $572.0 | 9,571 | $3,775.9 |
| SPDR S&P Retail ETF | US | XRT US | $563.1 | 10,944 | $568.5 |
| Materials Select Sector SPDR Trust | US | XLB US | $532.7 | 14,096 | $2,666.3 |
| Market Vectors Gold Miners | US | GDX US | $500.3 | 9,283 | $6,832.1 |

数据来源：BlackRock

表 3-7 2012 年 1 月 iShares 费率

| Morningstar Category | Average Active Fund (%) | iShares ETFs Management Fees (%)* | Corresponding iShares ETFs |
|---|---|---|---|
| Large Cap Blend | 1.08 | 0.09 | iShares S&P 500 |
| Small Cap Blend | 1.29 | 0.26 | iShares Russell 2000 |
| International Blend | 1.15 | 0.34 | iShares MSCI EAFE |
| Diversified Emerging Markets | 1.50 | 0.67 | iShares MSCI Emerging Markets |
| Intermediate-Term Fixed Income | 0.72 | 0.22† | iShares Barclays Aggregate |

数据来源:BlackRock,Morningstar

## 3.NIKKO.AM(日兴资产管理)——量化指数增强

日兴作为日本最大的资产管理公司之一,量化增强指数基金投资是其众多特色业务中的一个,日兴的量化增强业务发展已经有十多年的时间了,其中 alpha 模型和风险管理模型是其中最重要的开发工具,在长期中不断完善(见图 3-31):

- 风险补偿模型
- 错误定价模型
- 行为金融模型

在风险管理方面,除了业绩分析和合规管理,投资组合经理的风险管理十分重要,包括:

- 基于 BARRA 日本股票模型和独自开发的专用多因子风险管理模型 N.RISK 的风险和运用成绩管理

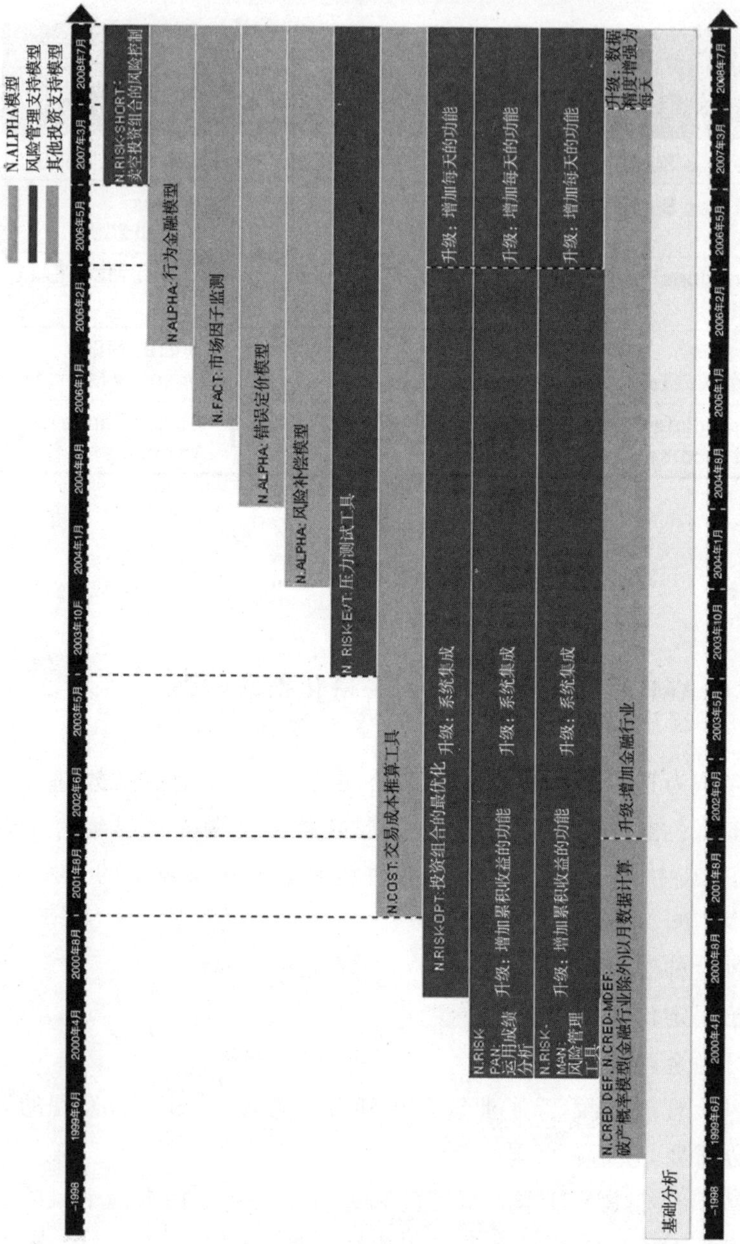

图3-31 日兴量化发展历程

数 据 来 源：日 兴 资 产

- 对基准组合（TOPIX）的超额收益的标准差（积极风险）目标：年率 1％～2％
- 投资限制：
  ◇ 目标 beta 系数：1.0
  ◇ 产业板块权重：与基准组合的差在 ±3.00％ 之内
  ◇ 市值权重：与基准组合的标准差在 ±0.1 之内
  ◇ 个股权重：与基准组合的差在 ±2.00％ 之内，并顾及其流动性

在团队架构方面，由总裁直管另类投资部，下设另类投资团队和定量投资团队（指数增强）（见图 3-32）。

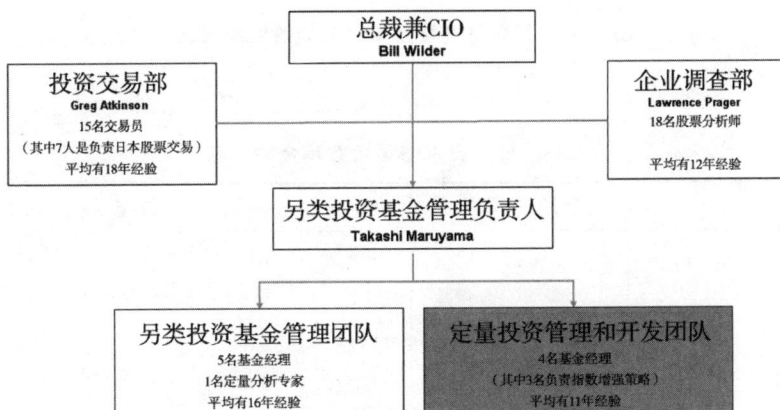

**图 3-32　日兴量化团队组织架构**

数据来源：日兴资产

在业绩方面，日兴的日本增强指数基金业绩非常不错，且长期稳定。短期看，处于同类基金前 1/4 水平，而长期则遥遥领先于同类基金（见图 3-33 和表 3-8）。

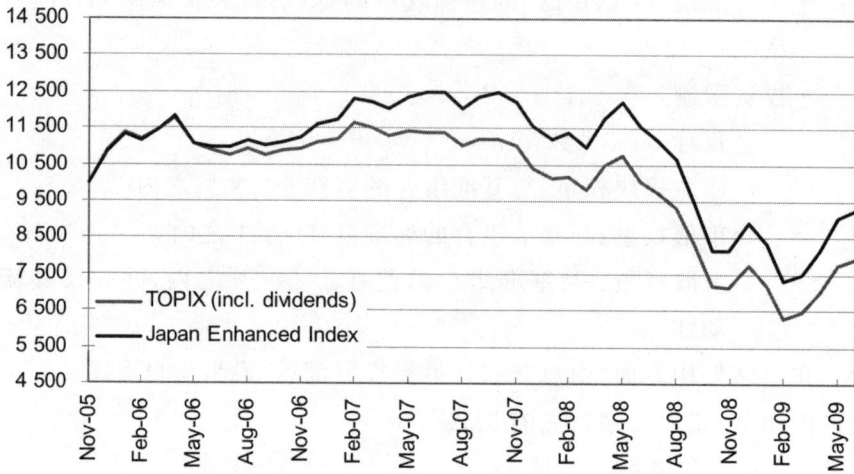

**图 3-33　日兴日本增强指数与标的业绩对比**

数据来源：日兴资产

**表 3-8　日兴日本增强指数基金的排名**

|  | 三个月 | 六个月 | 九个月 | 一年 | 两年 | 三年 |
|---|---|---|---|---|---|---|
| 上位 5% | 2.38% | 2.48% | 3.63% | 2.85% | 2.24% | 3.45% |
| 上位 1/4 | 1.06% | 0.89% | 0.58% | −0.45% | −0.02% | 0.54% |
| 中位 | 0.40% | −0.09% | −0.41% | −1.29% | −0.48% | −0.25% |
| 下位 1/4 | 0.32% | −0.47% | −0.71% | −1.67% | −1.42% | −0.73% |
| 下位 5% | −0.26% | −0.98% | −1.23% | −2.16% | −1.73% | −1.14% |
| 平均 | 0.78% | 0.41% | 0.42% | −0.51% | −0.25% | 0.40% |
| 基金数 | 9 | 9 | 9 | 9 | 9 | 9 |
| 日兴资产管理有限公司的日本股指数增强型策略 | 1.06% | 1.58% | 2.63% | 1.19% | 2.39% | 4.24% |

数据来源：日兴资产

# （四）指数基金的投资者

## 1.海外指数基金的投资者

首先看美国市场,我们没有能够找到专门分析美国指数基金的投资者结构的数据,但从其共同基金的总体持有机构看,个人投资者占比在 82% 到 90% 区间,机构投资占比在 10% 到 18% 区间,2013 年底,个人投资者占比 86%,机构投资者占比 14%。细看机构投资者,44% 投资于货币市场,36% 投资于股票基金,18% 投资于债券基金,仅 2% 投资于混合基金,机构类型中的商业公司、金融机构、非营利机构分别占34%,24%,7%(见图 3-34、3-35、3-36)。

## 2.A 股指数基金的投资者

A 股的指数投资者从群体上可以分为个人投资者、机构投资者(包括 QFII 等海外机构),以及基金管理人员;从投资目标上分为套利交易者(在 ETF 或指数分级基金上进行套利交易)、工具交易者(以指数基金为工具,进行择时、融资融券等交易)、配置型投资者(需要配置指数产品的投资者)。本部分将主要以前一分类进行分析。

据 2014 年基金中报数据显示,当期指数基金中个人投资者持有占比最高,为 64.54%,机构投资者持有占比 35.42%,管理人员占比很小,仅 0.04%。

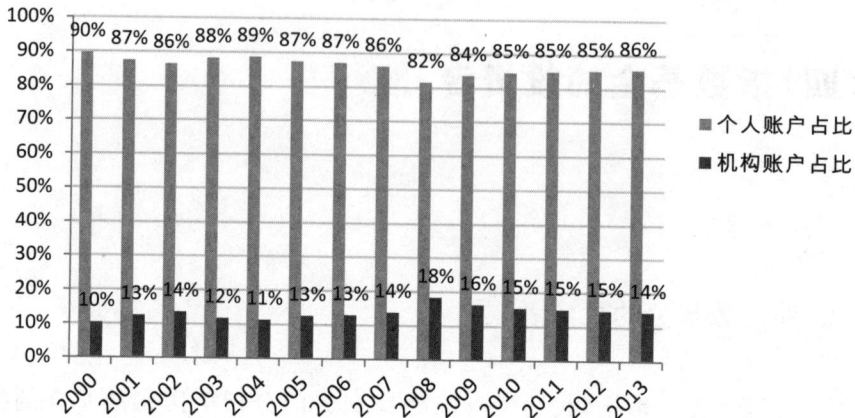

**图 3-34  2013 年美国共同基金的个人投资者和机构投资者占比变化**

数据来源：ICI

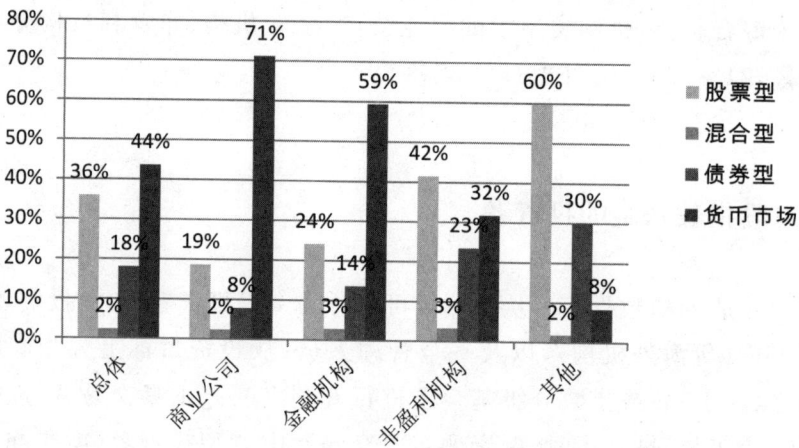

**图 3-35  2013 年美国共同基金的机构投资者所投基金分类占比**

数据来源：ICI

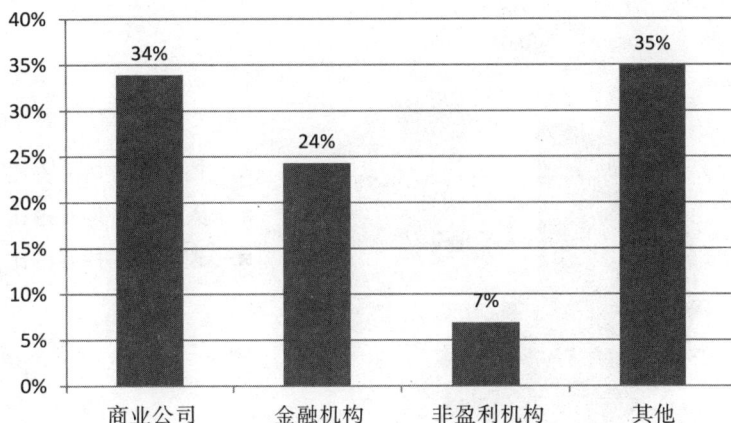

**图 3-36 2013 年美国共同基金的机构投资者分类占比**

数据来源：ICI

总体来看，个人投资者持有占比最高，为 66.49％，机构投资者持有占比 33.48％，管理人员占比很小，仅 0.03％（见图 3-37、图3-38）。

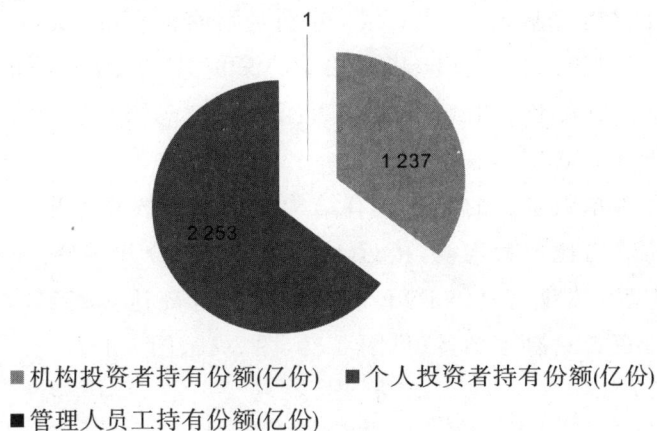

■机构投资者持有份额(亿份)　■个人投资者持有份额(亿份)
■管理人员工持有份额(亿份)

**图 3-37 2014 年中 A 股所有指数基金持有份额结构**

数据来源：Wind 资讯

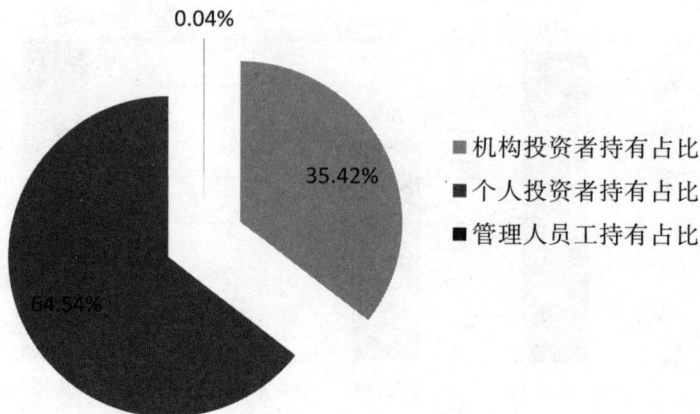

0.04%

35.42%

64.54%

■ 机构投资者持有占比

■ 个人投资者持有占比

■ 管理人员工持有占比

**图 3-38    2014 年中 A 股所有指数基金持有比例**

数据来源：Wind 资讯

前十大指数基金(不包括 ETF 联接基金)的规模占比高达 54％，它们的持有人结构数据能够从另一个角度展现投资者分布情况，前十大包括 4 只指数基金,6 只 ETF,分别是嘉实沪深 300ETF、华夏上证 50ETF、华夏沪深 300ETF、华泰柏瑞沪深 300ETF、银华深证 100、易方达上证 50、华安上证 180ETF、融通深证 100、易方达深证 100ETF、博时裕富沪深 300。

前十大指数基金的总体持有结构与所有指数基金相比，其机构和个人投资者占比更为均衡，接近 1∶1 水平，而分开 ETF 和非 ETF 来看，差别就非常明显了。ETF 的机构投资者高达 80.57％，而非 ETF 的机构投资者只有 4.44％(见图 3-39、图 3-40、图 3-41)。

0.01%

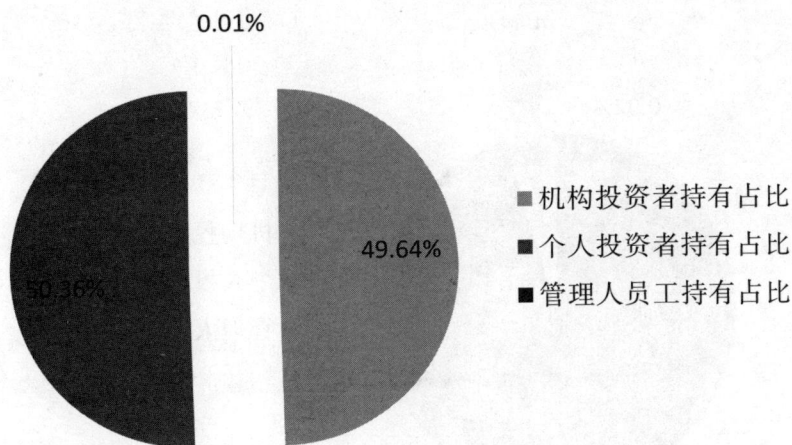

■ 机构投资者持有占比
■ 个人投资者持有占比
■ 管理人员工持有占比

49.64%

50.36%

**图 3-39　2014 年中 A 股前十大指数基金持有占比结构**

数据来源：Wind 资讯

0.00%

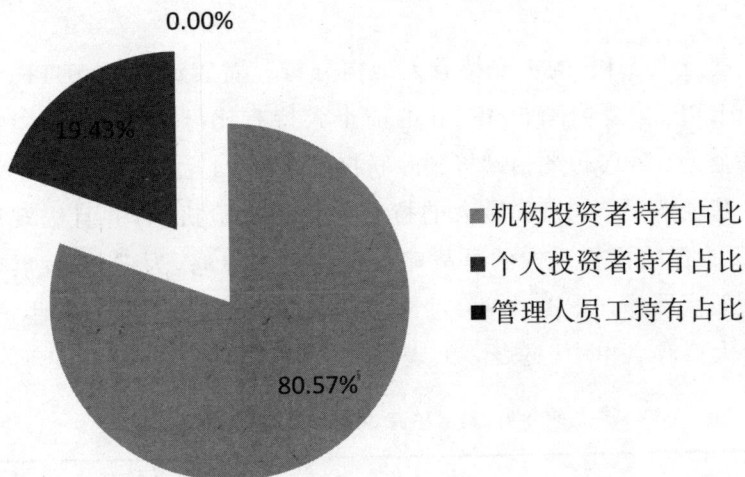

19.43%

■ 机构投资者持有占比
■ 个人投资者持有占比
■ 管理人员工持有占比

80.57%

**图 3-40　2014 年中 A 股前十大指数基金(ETF)持有占比结构**

数据来源：Wind 资讯

4.44%

0.02%

95.54%

- 机构投资者持有占比
- 个人投资者持有占比
- 管理人员工持有占比

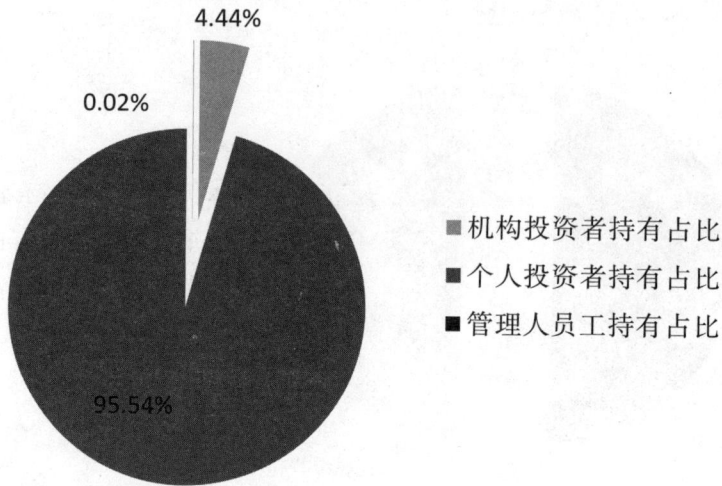

**图 3-41　2014 年中 A 股前十大指数基金（非 ETF）持有占比结构**

数据来源：Wind 资讯

前三大 ETF 的主要持有人结构分析。嘉实沪深 300ETF、华夏上证 50ETF、华夏沪深 300ETF 的前十大持有比例分别是 85%（剔除联接基金是 8%）、39%、99%（剔除联接基金是 24%）。不难发现，不考虑联接基金情况下，ETF 最大的持有人就是保险机构，并且纵观历史持有，不少保险机构采取的是战略长期持有的策略，为 ETF 发展带来积极意义。另外，QFII、企业、对冲基金以及个人也进入了一些 ETF 的前十大持有名单中（见表 3-9、表 3-10、表 3-11）。

**表 3-9　嘉实沪深 300ETF 前十大持有人**

| 持有人名称 | 期末持有份额（份） | 持有比例（%） |
|---|---|---|
| 中国银行股份有限公司—嘉实沪深 300 交易型开放式指数证券投资基金联接基金 | 9 120 052 529 | 76.99 |
| 中国平安人寿保险股份有限公司—分红—个险分红 | 178 374 472 | 1.51 |

续表

| 持有人名称 | 期末持有份额（份） | 持有比例（%） |
|---|---|---|
| 中国人寿保险(集团)公司 | 139 611 153 | 1.18 |
| 中国平安人寿保险股份有限公司—万能—个险万能 | 133 333 241 | 1.13 |
| 中国人寿保险股份有限公司 | 115 317 651 | 0.97 |
| 海通证券股份有限公司融券专用证券账户 | 105 511 440 | 0.89 |
| 国电资本控股有限公司 | 98 323 958 | 0.83 |
| 北京国际信托有限公司—华夏融信3号资金信托 | 89 497 015 | 0.76 |
| 华泰证券股份有限公司 | 64 833 315 | 0.55 |
| 中国平安财产保险股份有限公司—传统—普通保险产品 | 51 351 269 | 0.43 |
| 汇总 | 10 096 206 043 | 85.24 |

数据来源：Wind 资讯，2014 年中

表 3-10　华夏上证 50ETF 前十大持有人

| 持有人名称 | 期末持有份额（份） | 持有比例（%） |
|---|---|---|
| 中央汇金投资有限责任公司 | 3 447 178 802 | 24.40 |
| 全国社保基金零零一组合 | 440 000 000 | 3.11 |
| 中国人寿保险股份有限公司 | 307 691 120 | 2.18 |
| 中国人寿再保险股份有限公司 | 221 768 652 | 1.57 |
| 北京国际信托有限公司—华夏融信3号资金信托 | 220 000 000 | 1.56 |
| 中国平安人寿保险股份有限公司—分红—个险分红 | 199 207 522 | 1.41 |
| 佛山市顺德区蚬华多媒体制品有限公司 | 178 838 657 | 1.27 |
| 营口港务投资有限公司 | 170 781 676 | 1.21 |
| 三井住友银行株式会社—自有资金 | 160 000 000 | 1.13 |
| 马秀慧 | 148 935 952 | 1.05 |
| 汇总 | 5 494 402 381 | 38.89 |

数据来源：Wind 资讯，2014 年中

表 3-11　华夏沪深 300ETF 前十大持有人

| 持有人名称 | 期末持有份额（份） | 持有比例（％） |
|---|---|---|
| 中国工商银行股份有限公司—华夏沪深 300 交易型开放式指数证券投资基金联接基金 | 6 691 380 773 | 75.13 |
| 中央汇金投资有限责任公司 | 1 956 681 259 | 21.97 |
| 中信证券股份有限公司客户信用交易担保证券账户 | 56 506 815 | 0.63 |
| 中国人寿保险股份有限公司 | 53 843 050 | 0.60 |
| 鹏华资产—国信证券—安进 9 期博普量化对冲资产管理计划 | 20 000 000 | 0.22 |
| 平安证券有限责任公司 | 13 802 992 | 0.15 |
| 海通证券股份有限公司 | 7 300 000 | 0.08 |
| 马秀慧 | 7 000 000 | 0.08 |
| 恒泰证券股份有限公司客户信用交易担保证券账户 | 6 572 784 | 0.07 |
| 光大证券股份有限公司 | 6 172 001 | 0.07 |
| 汇总 | 8 819 259 674 | 99.00 |

数据来源：Wind 资讯，2014 年中

# 第四章

## 指数投资的五大要素

指数投资涵盖产品设计、投资管理、事后分析等系列过程,我们总结为五大要素,分别是基准指数与指数模拟、指数复制技术、成分股跟踪与管理、现金管理、跟踪误差与绩效分析。

# (一)指数投资的要素之一
## ——基准指数与指数模拟

### 1.基金管理人角度的基准指数选择

如何选择合适的指数作为标的进行投资,我们在前面已经从股票指数的工具代表性、投资性、流动性等三个方面进行了阐述。但进一步从基金管理人的角度思考,还需要分析以下因素:

(1)符合公司指数产品战略规划

每一个有远见的基金公司在发展指数产品的时候,都应该建立健全自身的指数产品战略规划。它成为指导公司指数产品发展的总方针,而指数选择也就要符合战略规划中的节奏。假设图4-1是某基金公司的指数产品战略规划,其目前发展到第三阶段——主题指数、行业指数、国别地区指数,在确立好类别(如行业指数)后,就要再决定选择一套怎样的行业指数作为标的基准。

主流市场指数

大中小盘、价值成长等风格指数

主题指数、行业指数、国别地区指数

权重指数、策略指数、杠杆ETF等

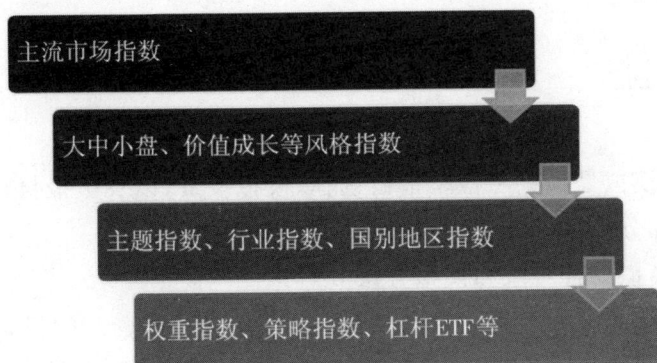

**图 4-1 基金公司指数产品假设图**

（2）指数产品形式影响指数选择

指数产品的形式包括传统开放式指数基金、ETF、增强型指数基金、指数分级基金、创新指数基金等等。指数产品形式影响指数选择，因为不同形式的指基对基准指数的要求不完全相同。

比如，传统开放式指数基金对指数的要求较低。ETF 的要求则高很多，如要求是单交易所指数（2012 年之前）、复制难度低、具备较好的券商渠道，此外还对流动性要求高，对投资能力也有要求等等。增强型指数基金则要求指数的工具性较强、增强面较广等。

（3）渠道因素

银行占据了基金销售和托管的绝大部分，托管银行目前一般要求预审基金产品上报材料，通过了之后，才能获得渠道发行支持。

当前基金发展竞争激烈，不仅存在渠道竞争，还存在产品同质性的竞争，指数基金的竞争则更加明显。以沪深 300 指数基金为例，截至2012 年 5 月，以沪深 300 指数为基准的指数基金数量高达 25 只，其中，非增强型中的低跟踪误差、高知名度的基金市场占有率越来越高，增强型中的持续稳定 alpha 的基金市场占有率越来越高。即使在这种趋势下，仍有基金公司在申报该指数产品，可想而知，竞争有多激烈。

## 2.指数模拟

指数模拟是预览和检验指数选择，模拟投资，以及申报材料的必要步骤，本部分以深证成分指数投资模拟为例介绍。

（1）模拟组合对象和模拟方法

模拟组合不考虑固定收益类的投资，仅对股票资产的投资进行模拟分析。深证成分指数样本股数量为 40 只，我们将采用全复制的方法进行投资。由于深成指成分股中不涉及基金公司托管银行等相关受限投资股票，因此不存在复制替代等操作。模拟投资时假定我们只将 95％的资金用来完全复制指数，并持有 5％的现金资产。

本基金所构建的指数化投资组合将根据基准指数成分及其权重的变动而进行相应调整。

同时本基金还将根据法律法规中的投资比例限制、申购赎回变动的情况、新股增发因素等变化，对基金投资组合进行适时调整，以保证基金净增长率与业绩比较基准间的高度相关和跟踪误差最小化。

指数成分股变动时的调整：当深证指数成分股进行常规调整时，投资组合的股票及权重随之进行调整；

定期再平衡：本基金所构建的指数化投资组合将定期对股票组合及个股配置比例进行再平衡，以减少跟踪偏离。

根据深证成分指数的股票列表及相应投资权重，计算每天模拟组合的净值和收益率，并进行相应的收益风险分析和跟踪误差分析，并假定：

①标的指数成分股调整时，本基金在调整生效日开始按照每日均价买入或卖出，且成交量不超过当日市场成交量的 10％；

②股票投资比例偏离 94％超过 1％时，重新调整股票组合投资比例到 94％，股票买卖按当日均价成交，且成交量不超过当日市场成交

量的 10％；

③股票累计偏离度超过 10％时，调整股票投资比例到目标权重，股票买卖按当日均价成交，且成交量不超过当日市场成交量的 10％；

④停牌股票采用其他成分股组合替代；

⑤假设股票交易成本为 0.4％，费率(包括托管费和管理费)为 1％。

(2)模拟时间和数据来源

采用事后方法构建模拟组合来跟踪深证成分指数的走势。模拟组合组建日为 2007 年 1 月 4 日，模拟时间为 2007 年 1 月 4 日至 2009 年 11 月 9 日，共约 3 年的模拟时间，涵盖了牛市、熊市、平衡市等多种市场环境。

(3)模拟组合表现及跟踪误差分析

按照上述模拟方法和模拟时间段，本基金管理人模拟了对深证成分指数的跟踪情况，从两者的走势对比图来看，组合对深证成分指数的跟踪效果是较好的。

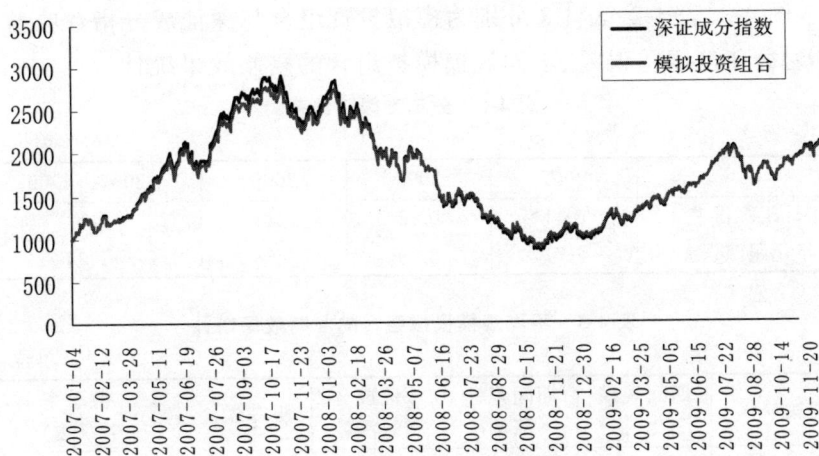

图 4-2　模拟组合与深证成分指数走势对比

数据来源：Wind 资讯

从年度分析来看,各年度模拟组合数据同样反映了对深证成分指数的良好跟踪效果(见表 4-1)。

表 4-1　分年度收益表现

单位:%

| | 2007 | 2008 | 2009 | 2007—2009 |
|---|---|---|---|---|
| 深证成分指数 | 163.98 | −63.36 | 112.35 | 105.39 |
| 模拟投资组合 | 155.68 | −60.72 | 103.73 | 104.64 |

模拟投资组合与深证成分指数差异较大的年份是 2007 年和 2009 年,这主要是我们在模拟投资的过程中只投资 95% 的资金于股票上,即仓位型误差导致模拟组合收益率低于基准指数的收益率,也因此 2008 年模拟组合的业绩要优于成分指数。总体看,在过去的三年中,模拟组合的收益与成分指数还是很接近的。

跟踪误差是衡量指数基金的重要指标,在近 3 年的模拟期间内,模拟组合与深证成分指数每日收益率之差基本上保持在正负 0.3% 的范围之内,且较为稳定,满足一般情况下指数基金最大日偏离程度的要求。图 4-3、表 4-2、表 4-3 分别为模拟投资组合与深证成分指数收益率之差,分年度跟踪误差、不同规模模拟组合的复制效果统计。

表 4-2　分年度跟踪误差

单位:%

| | 2007 | 2008 | 2009 | 2007—2009 |
|---|---|---|---|---|
| 日跟踪误差 | 0.11 | 0.13 | 0.11 | 0.12 |
| 年化跟踪误差 | 1.71 | 2.10 | 1.68 | 1.84 |

表 4-3　不同规模模拟组合的复制效果统计

单位:%

| 初始规模 | 期间规模变化(亿) | 期间累计涨幅 | 深证成分指数涨幅 | 跟踪误差 | 换手率(双边) |
|---|---|---|---|---|---|
| 20 亿 | 17~54 | 58.63 | 58.46 | 1.44 | 50.17 |
| 50 亿 | 40~130 | 57.68 | 58.46 | 1.27 | 80.95 |
| 100 亿 | 78~249 | 57.21 | 58.46 | 1.31 | 83.59 |

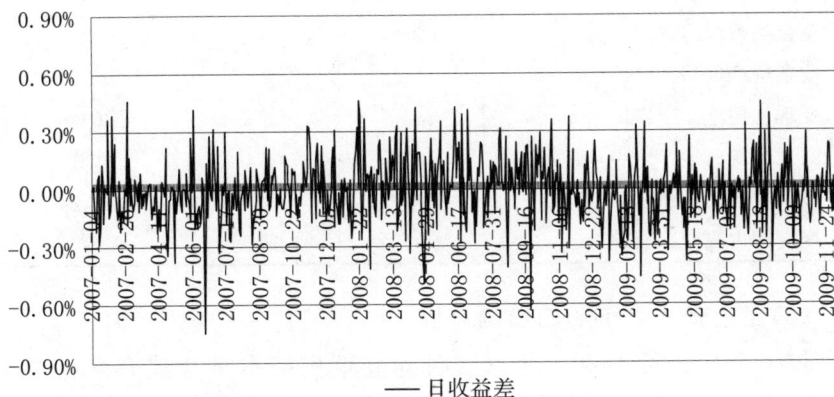

图 4-3 模拟投资组合与深证成分指数收益率之差

不论是单年度,还是三年期间,模拟组合的日均跟踪误差均在 0.11%～0.13% 之间,远低于本基金 0.35% 的日均跟踪误差限制。从年化跟踪误差看,其水平也是较低的,符合指数基金对年化跟踪误差的要求。

因此,总体上模拟组合的复制效果还是不错的,具有较强的可行性。

(4)流动性风险分析

衡量流动性风险的指标可以用一定占比的资产在变现时,变现金额占组合总成交金额的比例。假定模拟组合规模为 30 亿元,变现其股票投资(占基金资产的 95%)的 20%、40%、60%,组合股票日成交额为组合中所有股票过去一年的日均成交额。结果发现,模拟组合股票资产变现 20%、40% 和 60% 时,变现金额仅占组合成交金额的 3.09%、6.19% 和 9.28%(见表 4-4),这些比例对于组合而言,能够较快实现变现,同时对市场冲击也较小,即模拟组合变现能力较强,流动性较好。

表 4-4　组合资产变现流动性分析

| 基金规模(亿) | 30 | 30 | 30 |
|---|---|---|---|
| 股票资产(亿) | 28.5 | 28.5 | 28.5 |
| 变现比例 | 20% | 40% | 60% |
| 变现金额(亿) | 5.7 | 11.4 | 17.1 |
| 股票日成交金额(亿) | 184.24 | 184.24 | 184.24 |
| 变现额占成交额比例 | 3.09% | 6.19% | 9.28% |

(5)建仓交易对市场的影响分析

按 1 个月、2 个月和 3 个月三种建仓期模拟本基金建仓交易对市场的影响。从实证结果来看,日均建仓额占市场日均成交额的比例范围为 0.23%～0.70%(见表 4-5),可见,本基金建仓对市场的冲击将是很小的。

表 4-5　建仓流动性分析

| 建仓时间长度 | 1 个月 | 2 个月 | 3 个月 |
|---|---|---|---|
| 股票资产(亿) | 28.5 | 28.5 | 28.5 |
| 交易天数 | 22 | 44 | 66 |
| 日均建仓额(亿) | 1.295 | 0.648 | 0.432 |
| 股票日成交金额(亿) | 184.24 | 184.24 | 184.24 |
| 建仓额占成交额比例 | 0.70% | 0.35% | 0.23% |

# (二)指数投资的要素之二
## ——指数复制技术

指数复制方法与技术是指数投资的核心之一,针对不同指数的特征,通常要采取相适应的复制技术。本部分,我们将首先介绍各种复制方法,然后再以沪深300指数为例,进行一些实证复制模拟。

## 1.指数复制方法

（1）全复制方法

全复制以所有指数成分股作为跟踪组合,并按指数权重进行个股权重配置,从而达到完全复制指数的目的。以沪深300指数全复制为例,就是将300只成分股全部纳入组合,并按照指数公司发送的权重表,进行完全匹配的个股权重配置。

该方法的优点是简单、易操作,容易保持跟踪误差的紧密性。缺点可能包括流动性影响、调整频率较高、交易成本较高等方面。

目前,A股市场非增强指数基金多数是按照全复制方法投资的,这些指数一般成分股数量较少,流动性较好,如多数50或100指数。而那些成分股较多,部分成分股流动性较差的指数,如上证综合指数、中证800指数则不适合采取全复制技术。

（2）抽样复制方法

抽样复制是指采取统计抽样方法,从成分股中抽取一定比例的股票,再按某种加权方法,进行指数的复制与跟踪。这种方法其实就是统计中的总体与样本的关系,如何以样本特征来体现总体特征,也就是减少跟踪误差,是抽样复制的核心前提。

抽样复制方法一般分为随机抽样、大权重抽样、分层抽样等三种。

随机抽样不适合指数投资的实际操作,仅仅用于某种粗糙的模拟。

大权重抽样是指抽取成分股中权重较大的部分,作为指数组合,其原理在于大权重股票代表了指数成分的大部分,可以解释指数收益。同时,由于舍去了小权重股票投资部分,往往可以减少流动性风险。但该方法的缺陷在于无法规避大小盘风格效应,风格的系统偏离往往加大复制组合的波动,从而加大指数的跟踪误差。

统计学中的分层抽样,就是将总体各单位按其属性特征或主要标志分成若干类型或层,然后在各个类型或层中,采用随机抽样或机械抽样方式,确定所要抽取的单位。类型的划分,必须有清楚的分类界限,必须知道各类中的数目和比例,分类的数目不宜太多,否则将失去类型的特征,不便于在每类中抽样。由于通过划类分层,增大了各类型中单位间的共同性,因此,类型抽样容易抽出具有代表性的调查样本。应用到指数抽样复制中,分层抽样是先将指数成分股按照某一特征(如行业、风格)划分成若干个层次,然后在每个层中按照某种策略(如相关性、市值、财务指标)进行抽样,最后按照某种权重策略进行组合配置,以达到跟踪指数的目的。

在实际运用中,常用的分层抽样有按照行业分层、按照市值分层、按照波动率分层以及混合分层等。

(3)最优规划方法

最优规划法是以复制(一般是跟踪误差最优化)为目标,以成分股、投资限制、偏离比例等主客观条件为约束条件,通过规划方法求解出有效的最优复制组合。这些规划问题通常较为复杂,如非线性、整数百股约束、双十限定、0—1约束、非卖空约束问题等等,此外还有对历史数据的参数依赖性,这些因素可以导致计算上的高度复杂性和结果的超现实。

由于估计误差的存在,以及市场上股票相关性的不断变化,最优化方法还必须进行敏感性分析,检验当实际相关性与我们估计的值差异很大时,会对跟踪误差造成什么样的影响。最优化方法除了误差外,最大的风险在于发生了重大事件或市场的重要转折点前后,股票间的相关性可能非常不同。

需要注意的是,预期跟踪误差只是一个预测,实际与预测有差距。当基金的跟踪误差要求不高时,这种差距影响不大。当指数基金的要求逐渐缩紧时(如年化1‰),预测误差的扩大可能严重影响基金的表现。

（4）衍生品方法

衍生品复制是指运用指数相对应的股指期货等衍生品，来替代指数组合，从而实现对指数的复制。这其中要注意的风险事项包括：①展期与基差风险。类似于 alpha 对冲套利策略，该策略需要逐月进行股指期货合约的展期；但不同于 alpha 对冲套利的期货空头通常可以获得正的展期收益，股指期货复制可能带来的是负的展期收益。基差的不稳定也会带来跟踪误差的不确定。②保证金风险。股指期货采取保证金交易，一般而言现金头寸较多，因此部分现金头寸可以用来投资无风险资产或者低风险资产投资，用以获得少许的 alpha，但需要平衡头寸与流动性风险。③流动性风险。首先，该方法不太适合大型指数基金的广泛采用；其次，股指期货的流动性并不稳定，在某些特殊或极端情形下，可能会出现流动性"黑洞"，给基金带来极大的风险。

在国内大量的股指期货研究中，还包括股指期货在指数基金管理中的改善作用，如建仓期内，可以先买入部分期货多头头寸用以替代指数成分，再逐渐买入股票组合，从而减少跟踪误差和冲击成本；又如较大量的申购现金进来时，由于申购资金的 T＋N 可用的时滞，也可以采取股指期货先行替代策略。

在欧美等市场，指数互换也常常被用于指数复制。股票指数互换，是指互换双方达成协议，将与某一股票指数变动挂钩的支付与某一以短期利率指数为基础的支付进行互换。它主要是被用来替代在股票市场上的直接投资，但使用者同时承担了股票指数变动的风险。目前，兴起的杠杆与反向 ETF 常常使用指数互换。

## 2.沪深 300 指数复制模拟

为简单起见，我们选取了一段时间的样本，采取 3 种方法对沪深 300 指数进行复制，股本数据为流通股本。表 4-6 报告了沪深 300 指数的复制模拟结果。

表 4-6　沪深 300 指数复制模拟结果

单位：%

| 抽样股票数 | 市值优先抽样 | 分层抽样（Wind 一级） | 分层抽样（申万一级） | 行业抽样最优化（申万一级） |
|---|---|---|---|---|
| 10 | 15.05 | 15.11 | 14.37 | 10.21 |
| 20 | 12.71 | 9.72 | 11.63 | 8.54 |
| 30 | 11.26 | 8.70 | 7.63 | 7.00 |
| 40 | 9.16 | 7.71 | 6.68 | 5.57 |
| 50 | 8.50 | 7.43 | 5.73 | 4.41 |
| 60 | 7.66 | 5.97 | 5.47 | 4.36 |
| 70 | 6.76 | 5.55 | 4.64 | 3.17 |
| 80 | 6.29 | 5.39 | 4.23 | 2.60 |
| 90 | 6.03 | 5.06 | 3.98 | 2.49 |
| 100 | 5.66 | 4.71 | 3.52 | 2.51 |
| 110 | 5.05 | 4.49 | 3.33 | 2.00 |
| 120 | 4.46 | 4.06 | 3.08 | 1.65 |
| 130 | 4.00 | 3.86 | 2.73 | 1.65 |
| 140 | 3.65 | 3.37 | 2.74 | 1.61 |
| 150 | 3.09 | 3.24 | 2.55 | 1.36 |
| 160 | 2.84 | 2.97 | 2.22 | 1.22 |
| 170 | 2.44 | 2.64 | 2.02 | 1.10 |
| 180 | 2.28 | 2.47 | 1.88 | 1.12 |
| 190 | 2.04 | 2.10 | 1.72 | 1.07 |
| 200 | 1.85 | 1.87 | 1.64 | 1.11 |
| 210 | 1.68 | 1.61 | 1.38 | 0.95 |
| 220 | 1.47 | 1.42 | 1.22 | 0.87 |
| 230 | 1.08 | 1.16 | 1.16 | 0.86 |
| 240 | 0.96 | 1.03 | 1.02 | 0.74 |

续表

| 抽样股票数 | 市值优先抽样 | 分层抽样（Wind 一级） | 分层抽样（申万一级） | 行业抽样最优化（申万一级） |
|---|---|---|---|---|
| 250 | 0.79 | 0.72 | 0.72 | 0.55 |
| 260 | 0.58 | 0.54 | 0.50 | 0.43 |
| 270 | 0.45 | 0.42 | 0.42 | 0.37 |
| 280 | 0.33 | 0.32 | 0.36 | 0.40 |
| 290 | 0.24 | 0.24 | 0.27 | 0.29 |
| 300 | 0.19 | 0.19 | 0.19 | 0.19 |

数据来源：联合证券

使用市值优先抽样和基于 Wind 一级行业分类的分层抽样差异不大。当股票数较少时，Wind 一级行业分层抽样略好；当股票数比较多时，两者差异越来越小。当分层抽样的分类采用申万一级行业时，复制效果有了一定的提高。而行业抽样最优化方法优于其他三种方法，120只股票所达到的跟踪误差已经较为理想。

# （三）指数投资的要素之三
## ——成分股跟踪与管理

成分股跟踪与管理部分包括两大方面：一是指数组合权重管理、调整与再平衡、申购赎回管理；二是成分股停牌、分红、增发、配股、股东投票等事件跟踪管理。

### 1.指数组合权重管理、调整与再平衡、申购赎回管理

指数基金成立后，按照指数使用合约，指数公司每日发送指数权重

数据给基金管理人，基金经理再根据此权重数据进行组合权重管理。一般而言，指数公司的权重数据包含的是股本数，而非权重比例，基金经理需要根据成分股价格将股本转化成权重。但是从研究与投资系统化的角度出发，我们提倡建立指数权重数据库，即把每日的股本表转档到公司的自有数据库中，命名为指数权重数据库，再连接股价数据库，同时索要历史股本表，形成指数自有的结构完整的指数权重数据库，从而给指数投资和研究提供系统性的基础数据，做到指数投资的专业化、精细化。表 4-7、表 4-8 分别为某日某指数的股本表、某日某指数权重。

表 4-7　某日某指数的股本表（指数公司提供）

| 证券代码 | 证券简称 | 今日流通股数 |
| --- | --- | --- |
| 000001 | 深发展 A | 2 442 924 282 |
| 000002 | 万科 A | 8 039 483 560 |
| 000012 | 南玻 A | 1 081 494 250 |
| 000039 | 中集集团 | 799 125 322 |
| 000060 | 中金岭南 | 1 251 359 885 |
| 000063 | 中兴通讯 | 1 737 563 226 |
| 000069 | 华侨城 A | 2 373 969 778 |
| 000157 | 中联重科 | 3 819 443 097 |
| 000338 | 潍柴动力 | 691 106 772 |
| 000402 | 金融街 | 2 222 838 306 |
| 000423 | 东阿阿胶 | 502 431 930 |
| 000425 | 徐工机械 | 1 033 855 072 |
| 000527 | 美的电器 | 1 670 767 327 |
| 000538 | 云南白药 | 255 402 914 |
| 000562 | 宏源证券 | 495 992 501 |
| 000568 | 泸州老窖 | 646 039 584 |

续表

| 证券代码 | 证券简称 | 今日流通股数 |
|---|---|---|
| 000623 | 吉林敖东 | 523 983 678 |
| 000629 | 攀钢钒钛 | 2 365 729 042 |
| 000630 | 铜陵有色 | 684 783 082 |
| 000651 | 格力电器 | 2 009 215 402 |
| 000709 | 河北钢铁 | 3 682 796 000 |
| 000758 | 中色股份 | 451 400 788 |
| 000768 | 西飞国际 | 1 063 553 279 |
| 000776 | 广发证券 | 774 943 565 |
| 000783 | 长江证券 | 1 466 621 645 |
| 000792 | 盐湖股份 | 577 045 649 |
| 000858 | 五粮液 | 1 667 149 618 |
| 000869 | 张裕 A | 83 066 880 |
| 000878 | 云南铜业 | 574 325 923 |
| 000895 | 双汇发展 | 294 086 986 |
| 000898 | 鞍钢股份 | 1 280 442 583 |
| 000933 | 神火股份 | 868 526 916 |
| 000937 | 冀中能源 | 667 504 530 |
| 000960 | 锡业股份 | 448 633 090 |
| 000983 | 西山煤电 | 1 436 958 091 |
| 002024 | 苏宁电器 | 4 012 042 107 |
| 002128 | 露天煤业 | 300 898 171 |
| 002142 | 宁波银行 | 1 110 594 625 |
| 002202 | 金风科技 | 1 277 411 611 |
| 002304 | 洋河股份 | 180 323 254 |

表 4-8　某日某指数权重(计算后)

| 代码 | 名称 | 权重 |
|---|---|---|
| 000001 | 深发展 A | 4.86％ |
| 000002 | 万科 A | 8.74％ |
| 000012 | 南玻 A | 1.22％ |
| 000039 | 中集集团 | 1.49％ |
| 000060 | 中金岭南 | 1.46％ |
| 000063 | 中兴通讯 | 3.52％ |
| 000069 | 华侨城 A | 2.23％ |
| 000157 | 中联重科 | 4.65％ |
| 000338 | 潍柴动力 | 2.74％ |
| 000402 | 金融街 | 1.86％ |
| 000423 | 东阿阿胶 | 2.47％ |
| 000425 | 徐工机械 | 1.83％ |
| 000527 | 美的电器 | 2.89％ |
| 000538 | 云南白药 | 1.66％ |
| 000562 | 宏源证券 | 1.10％ |
| 000568 | 泸州老窖 | 3.42％ |
| 000623 | 吉林敖东 | 1.68％ |
| 000629 | 攀钢钒钛 | 2.33％ |
| 000630 | 铜陵有色 | 1.80％ |
| 000651 | 格力电器 | 5.51％ |
| 000709 | 河北钢铁 | 1.39％ |
| 000758 | 中色股份 | 1.33％ |
| 000768 | 西飞国际 | 1.11％ |
| 000776 | 广发证券 | 3.12％ |
| 000783 | 长江证券 | 1.83％ |
| 000792 | 盐湖股份 | 2.34％ |
| 000858 | 五粮液 | 7.09％ |

续表

| 代码 | 名称 | 权重 |
|------|------|------|
| 000869 | 张裕 A | 1.00% |
| 000878 | 云南铜业 | 1.32% |
| 000895 | 双汇发展 | 2.35% |
| 000898 | 鞍钢股份 | 0.68% |
| 000933 | 神火股份 | 1.15% |
| 000937 | 冀中能源 | 1.64% |
| 000960 | 锡业股份 | 1.24% |
| 000983 | 西山煤电 | 3.13% |
| 002024 | 苏宁电器 | 4.99% |
| 002128 | 露天煤业 | 0.61% |
| 002142 | 宁波银行 | 1.44% |
| 002202 | 金风科技 | 1.18% |
| 002304 | 洋河股份 | 3.59% |

成分股调整是指数组合调整比例较大的情形之一,但通常不超过10%。一般而言,指数公司在成分股正式调整前若干个交易日就会公告剔除和调入的成分股名单。对于完全复制的指数基金来说,成分股调整是对跟踪误差和流动性的平衡,严格来执行的话,指数基金在成分股调整日卖出剔除股票,然后买入调入股票,但通常大型基金或流动性不佳的成分股,会给指数操作带来流动性冲击,进而增加交易成本,因此,指数基金会选择在正式调整日前几天就开始逐步进行调整操作。

指数组合的再平衡是指,在指数组合运行过程中,构建好的组合权重会偏离成分股权重,股票占比也会偏离目标比例,因此需要基金经理将其调整到平衡水平上,以满足跟踪误差要求。对于流通股本加权的指数来说,一般短期内股本变化不大,股价变化是影响权重变化的主要因素,因而此类指数基金的再平衡要求较低、幅度较小;而有些指数,如等权重指数,其股价的变化就会直接导致组合权重的偏离,因而调整幅度较大一些,通常基金经理会选择"定期再平衡＋特殊情形再平衡"。

申购赎回会导致组合现金流的增减,要求基金经理买入和卖出组合证券。普通指数基金要求不低于 5％的类现金头寸,用以应付小额的赎回,大额赎回要求基金按照大额赎回规则卖出证券提供现金。申购现金进入组合后,一般基金将尽快买入一篮子证券。

### 2.指数成分股停牌、分红、增发、配送股、股东投票等事件跟踪管理

除了基于权重数据的调整,指数成分股还面临许多事件型的情况,要求基金经理进行相应的操作。

成分股短期或正常停牌一般不影响操作,但长期停牌或有重大利好或利空信息的停牌会影响投资操作,尤其是 ETF 的操作,需要根据具体事件,设置现金替代方法等,对于普通开放式指数基金,在申购赎回时需要采取股票替代措施。另外,长期停牌股在基金估值中需要调整估值,这一措施会影响指数基金的跟踪误差。

成分股分红带来现金流,多数指数基金的基准是价格指数而非全收益指数,因而,该现金需要尽快配置到一篮子股票上来。

增发一般是以一定折扣的价格发行的,解禁后可能会影响自由流通股本数,对于指数基金而言,本质是权衡增发价格与解禁后自由流通股本增加时的股价,基金经理需要据此决定是否参与。

配股和送股存在不同之处。送股是一个会计游戏,送的股份自动到达股东账户,但不影响总市值,即股本增加,但股价下降,对于指数基金,一般不需要进行主动操作。但配股需要股东主动以一定价格,也就是以现金申请配发一定比例股本,一般也存在价格折扣,所配股本一般快速转为自由流通股本,若指数基金不主动参与,则会给基金带来负面损失,并增加跟踪误差。

股东投票主要会涉及股东的权利,尤其是持股较多的指数基金,需

要积极关注相关公告,并代表基金投资人施行投票权利。

# (四)指数投资的要素之四——现金管理

## 1.现金流的方向与类别

一般指数基金的现金流分为正向现金流和负向现金流。正向现金流包括成分股分红、成分股回购、成分股调出、基金申购;负向现金流包括成分股增发和配股,成分股调入,基金赎回,管理费、托管费和交易费等。具体参见图 4-4。

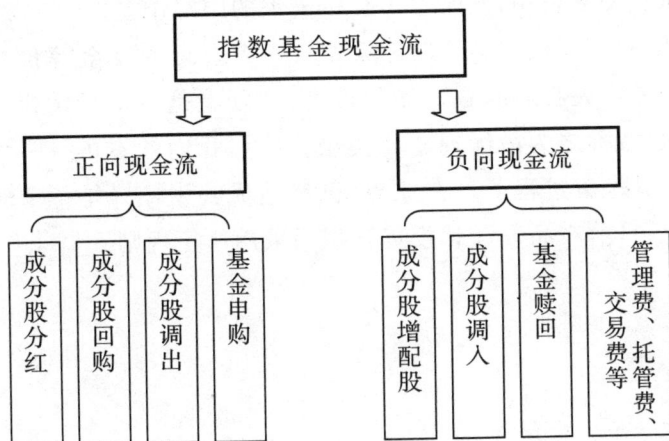

图 4-4　指数基金常见现金流方向和类别

## 2.现金流管理

尽管目前大多数指数基金的业绩基准被定义为 95％的指数收益加上 5％的利率或等价物,但是在衡量指数基金跟踪误差和绩效的时候,通常仍然会与指数收益率本身做比较,也就是说隐含了股票指数基金零现金头寸滞留的假设,任何正向和负向的现金流都需要瞬间完成。

但是在实际投资中,零现金头寸与交易费用直接矛盾,因为零现金头寸必须依赖成分股的频繁瞬间交易加以维持,由此产生的大量市场冲击和交易费用会给指数基金跟踪误差带来显著的负面影响。有时候,基金申购的现金在到账上存在 T＋N 的情形,也会客观地影响现金头寸。从另一面看,一定比例的现金头寸有助于组合管理,形成缓冲池的概念,可以设定指数基金一定的现金等价物头寸比例,现金流的进出可以一定程度上在这个缓冲池中,产生不同时点和方向上的对冲,从而有助于减少交易费用,同时也不会带来大的跟踪误差。

因此,对于指数基金(ETF 除外),一个合理的现金等价物比例限制成为实务界关心的问题。如何设定,实际上是一个最优化求解的数学问题,通常称之为最优现金比模型,这里,我们就不再一一例举出这些模型及其求解过程了。在业界,已经达成共识,5％是一个较为合理的现金比,目前产品设计和投资管理均采用这一规则。

## （五）指数投资的要素之五
### ——跟踪误差与绩效分析

### 1.跟踪误差

（1）跟踪误差的分解

具体分解因素参见表 4-9。我们认为，某些因素是几乎不可避免的，如管理费、托管费、交易费用等；而某些因素是可以有效或部分避免的，如及时参与配股，这是实际投资中需要重点关注的，又如，通过算法交易系统来减少交易冲击和交易误差。

表 4-9 指数基金跟踪误差分解

| 指数基金跟踪误差的分解 | 制度型跟踪误差 | 95％的仓位上限限制 |
| --- | --- | --- |
| | | 卖空限制 |
| | | 衍生品投资限制等 |
| | 仓位型跟踪误差 | 建仓期仓位未达目标水平 |
| | | 应付申购赎回、配股、增发预留现金引起仓位不足 |
| | | 换股期成分股更换操作股票仓位变动 |
| | 结构型跟踪误差 | 建仓期未按成分股结构均匀增加指数组合 |
| | | 由于组合替代投资引起某些成分股投资权重为 0 |
| | | 主动增加或降低某些成分股的投资权重 |
| | | 投资于成分股以外的某些股票 |
| | | 未及时参与成分股配股、增发 |

续表

| | | 在指数正式换股日进行成分股的提前更换操作 |
| --- | --- | --- |
| | | 在指数正式换股日后还未完成成分股的全部更换操作 |
| | | 投资比例限制引起的无法按指数权重投资于成分股 |
| | 交易型<br>跟踪误差 | 当日买入的股票未按指数要求的收盘价成交 |
| | | 当日卖出的股票未按指数要求的收盘价成交 |
| | | 买卖股票引起的交易费用 |
| | 费用型<br>跟踪误差 | 每日托管费提取引起的跟踪误差 |
| | | 每日管理费提取产生的跟踪误差 |
| | | 其他费用 |

(2)跟踪误差的控制方法

由于各种主观和客观的因素导致指数基金的收益率与目标指数存在一定的偏差,该偏差被称为跟踪误差。衡量跟踪误差的方法有很多种,包括:绝对值法(指数基金收益率与标的指数收益率间的差绝对值的平均值)、标准差法(指数基金收益率与标的指数收益率之间的标准差)、回归残差法(指数基金的收益率与标的指数收益率 CAPM 回归分析后的残差的标准差)。目前标准差法是最常用也较为合理的一种衡量方法。

跟踪误差的计算公式如下:

$$S_e = \sqrt{\frac{\sum_{t=1}^{T}(e_t - \bar{e})^2}{T-1}}$$

其中,$e_t$ 是每个时点上的收益率之差,$T$ 是计算期间的点跟踪误差数据的总个数。通常,年化跟踪误差是更加标准化的一种衡量指标,即上面的公式再乘以一个年化因子。

图 4-5 展示了跟踪误差的控制方法。

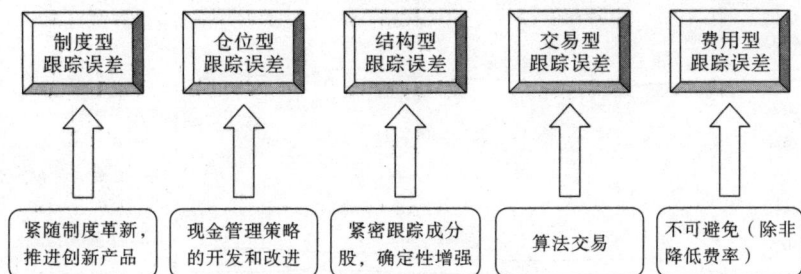

図 4-5 跟踪误差的控制方法

## 2.绩效归因

指数基金的绩效归因主要项目为:业绩分解、跟踪误差、行业与个股贡献等。我们列举了一些,见图 4-6、图 4-7 及表 4-10、表 4-11。

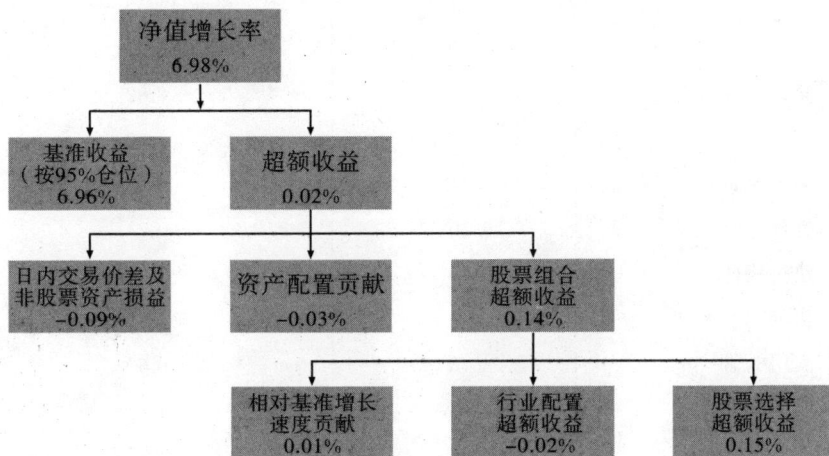

图 4-6 某指数基金业绩分解

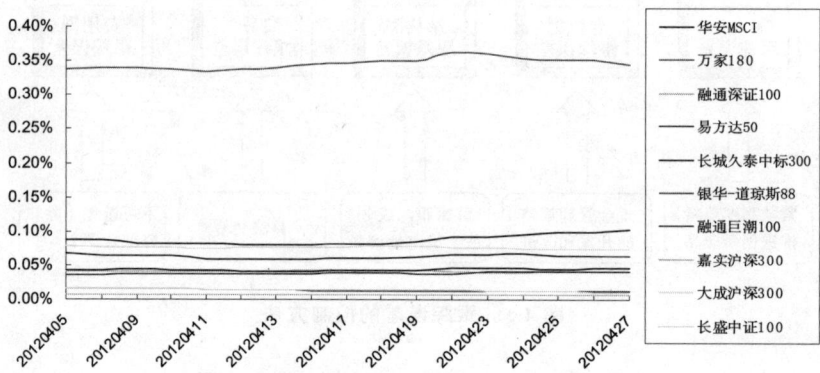

图 4-7 指数基金跟踪误差比较

表 4-10 某指数基金行业贡献分解

| 行业名称 | 所含股票数量 | 对指数贡献点位 |
|---|---|---|
| 金融服务 | 8 | 16.7 |
| 机械设备 | 11 | 12.22 |
| 采掘 | 7 | 11.38 |
| 房地产 | 10 | 8.95 |
| 交运设备 | 7 | 3.82 |
| 综合 | 1 | 1.62 |
| 黑色金属 | 4 | 0.43 |
| 有色金属 | 10 | −0.24 |
| 建筑建材 | 6 | −0.3 |
| 化工 | 4 | −0.5 |
| 家用电器 | 3 | −0.61 |
| 电子元器件 | 3 | −1.27 |
| 信息设备 | 2 | −1.37 |
| 公用事业 | 2 | −1.66 |
| 农林牧渔 | 4 | −5.97 |

续表

| 行业名称 | 所含股票数量 | 对指数贡献点位 |
|---|---|---|
| 商业贸易 | 2 | −6.42 |
| 信息服务 | 5 | −7.71 |
| 医药生物 | 5 | −13.34 |
| 食品饮料 | 5 | −18.48 |

表 4-11 某指数基金成分股重点贡献分解

| 股票名称 | 股票代码 | 对指数的贡献点 | 股票名称 | 股票代码 | 对指数的贡献点 |
|---|---|---|---|---|---|
| 中联重科 | 000157 | 8.26 | 美的电器 | 000527 | −2.65 |
| 西山煤电 | 000983 | 4.49 | 电广传媒 | 000917 | −2.77 |
| 宏源证券 | 000562 | 4.38 | 中信国安 | 000839 | −2.8 |
| 冀中能源 | 000937 | 4.14 | 安泰科技 | 000969 | −3 |
| 万科 A | 000002 | 3.8 | 五粮液 | 000858 | −4.16 |
| 宁波银行 | 002142 | 3.5 | 獐子岛 | 002069 | −4.2 |
| 攀钢钒钛 | 000629 | 3.23 | 张裕 A | 000869 | −5.4 |
| 格力电器 | 000651 | 3.02 | 东阿阿胶 | 000423 | −5.97 |
| 广发证券 | 000776 | 2.69 | 苏宁电器 | 002024 | −6.63 |
| 洋河股份 | 002304 | 2.67 | 双汇发展 | 000895 | −9.68 |

第五章

# ETF 投资

ETF,尤其是传统股票型 ETF 的投资理论相对于指数基金管理,要更加复杂。针对"中国特色"的 ETF 投资管理,我们简要地介绍相关业务,暂且称之为"理论"。

股票型 ETF 指的是以跟踪特定股票指数为目标的开放式基金,其基金份额用组合证券进行申购、赎回,并在交易所上市交易。其投资管理理论部分,我们从岗位设置与职责、投资管理、PCF(Portfolio Composition File,申购赎回清单文件)管理、风险控制、绩效评估、联接基金管理等方面进行介绍,并进行一些案例分析。

# (一)ETF——岗位设置与职责

股票型 ETF 小组设置如下岗位:股票 ETF 基金经理、基金经理助理及 PCF 岗位,同时需要增加相应的核算、交易等岗位,并且需要与其他部门进行协作。

ETF 基金经理的职责包括:ETF 组合的日常维护;ETF 组合的日常监控;检验组合跟踪情况;PCF 清单设置;路演推介工作等等。

基金经理助理主要是协助基金经理完成日常投资管理工作,以及有关指数、ETF 产品等方面的研究工作。

PCF 岗位职责包括:负责每日 PCF 的制作、传输;定期提供 PCF、IOPV(Indicative Optimized Portfolio Value,基金参考净值)分析报告。

核算岗位需要进行日常的会计核算,同时需要核算 ETF 的申购赎回情况，以及补券、清算交收等情况。

交易员需要根据基金经理指令，完成一篮子组合指令、成分股调整指令、特殊指令，并监督反馈。

# （二）ETF——投资管理

股票 ETF 基金以全被动跟踪标的指数为主要投资目标，在基金产品运作过程中应尽量减少基金的主动操作带来的人为偏差，把握投资过程中客观化的操作原则，注重数量化方法和系统化方法在投资过程中的运用。

股票 ETF 基金的仓位通常不做主动调整，滞留现金在满足赎回、组合日常调整等需求的前提下，尽量提高组合仓位。股票 ETF 的股票仓位需保持在 95％以上，实际操作中，一般在 99％左右。

在指数成分股调整期，投资组合进行相应的调整操作，通常应在成分股调整公告日到更换日前后若干个交易日之内执行，保证跟踪误差的严密性，同时也要考虑对个股价格的冲击。

因股票 ETF 基金的被动操作特性，其与同公司其他基金之间在成分股范围内的反向交易不受反向交易规则的约束。

# （三）ETF——PCF 管理

由于 PCF 管理十分复杂，本部分将简要介绍：PCF 相关岗位职责、

PCF 管理。

### 1.PCF 岗位职责

PCF 工作目标：及时准确地计算和公布 PCF 和 IOPV 相关内容，并尽全力减少出现无风险套取基金资产的可能。

PCF 相关岗位职责：至少有文件制作和文件复核两个岗位，其中关键节点包括参数设置、现金替代设置等。

### 2.PCF 管理

PCF 管理可以说十分复杂，其中部分关键词有：一篮子证券、现金替代（允许现金替代、必须现金替代、禁止现金替代）、现金差额、基金份额净值、补券等，这里不详述了。

## （四）ETF——风险控制

主要风险控制点包括 4 个：

①当盘中基金的现金水平低于某一比例时，有可能无法满足赎回而引起现金赎空风险，应及时卖出股票恢复现金水平。

②当盘中成分股的权重低于自然权重一定比例时，有可能无法满足赎回而引起现券赎空风险，应及时做出应对调整。

③日跟踪误差或年化跟踪误差偏离超过阈值时，须及时找到原因，

并调整使得偏离在允许范围内。

④要控制因 PCF 设置不合理,导致明显无风险套利的出现,从而损害持有人利益的风险。

# (五)ETF——绩效评估

ETF 的定期绩效评估报告,由绩效部门定期制作,并向投委会汇报,由基金经理做出相应的解释。

ETF 基金主要评价指标包括:日均跟踪偏离度和跟踪误差指标、市场营销、风险控制、基金规模、二级市场交易折溢价和活跃度等。

# (六)ETF 联接基金的投资管理

## 1.ETF 联接基金的含义、投资范围和创新

ETF 联接基金是指将其绝大部分基金财产投资于跟踪同一标的指数的 ETF(即目标 ETF),密切跟踪标的指数表现,追求跟踪偏离度和跟踪误差最小化,采用开放式运作方式的基金。

ETF 联接基金的投资范围:①目标 ETF,且目标 ETF 不得低于基金资产净值的 90%;②标的指数的成分股和备选成分股;③中国证监会规定的其他证券品种。

ETF 联接基金的最大创新是"引入银行渠道,降低投资门槛"。传

统 ETF 的申购需要经过券商途径,买到与 100 万份 ETF 净值相当的一篮子成分股,然后在一级市场进行 ETF 的收购,此种参与申购方法不仅较为不便,而且门槛很高。而联接基金则很好地解决了其中的问题,特别是银行零售客户,只需以现金方式像申购普通开放式基金一样来参与 ETF 投资。

目前,市场上绝大部分老 ETF 已经发行了相应的联接基金,新 ETF 发行时,一般同时发行其联接基金。

### 2.ETF 联接基金的管理方法

ETF 联接基金通常由 ETF 基金经理一人管理,其管理方法并不神秘,而是与普通指数基金相似,主要特征如下:

(1)申购资金。联接基金有申购资金进来的时候,通常基金经理将资金按指数权重买入一篮子成分股,然后再用一篮子成分股去申购 ETF,这样不仅增加了 ETF 份额,还有助于增加 ETF 的流动性。

(2)赎回资金。联接基金投资者有赎回行为的时候,基金经理通常在二级市场卖出相应的 ETF 得到现金,再将现金交付给投资者。

(3)联接基金资产构成中,通常包括 90% 以上的相应的 ETF,以及部分成分股等权益资产头寸。

# (七)ETF 发行与运作的外部环境

ETF 及其联接基金的发行和运作与普通基金存在一些不同,与银行、券商以及投资者的沟通、合作显得尤其重要。

银行方面,由于联接基金主要通过银行渠道销售,其客户也主要是银行的零售客户,因此,联接基金的销售对银行的依赖性特别强,良好的银行渠道合作关系有助于联接基金的发行销售。

券商方面,体现在:①由于 ETF 发行时,可以以成分股申购,也可以以现金申购,在以成分股申购时,需要通过券商途径;②ETF 日常申购赎回皆是通过券商途径进行;③一般而言,ETF 运行需要券商来担当做市商的角色,用以增加 ETF 的流动性;④ETF 的套利交易者是通过券商营业部来进行的,其套利交易对 ETF 流动性有很好的促进作用。因此,ETF 的发行运作需要良好的券商环境。

投资者方面,特别是套利交易者,需要及时准确地了解 ETF 的净值变化情况,因此,基金经理也需要和投资者保持良好的沟通关系。

# (八)深交所 ETF 风险管理指引[①]

本部分内容虽然是交易所指引文件,但对于理解 ETF 的投资和风险,具有重要作用。

## 第一章 总 则

**第一条** 为加强基金管理公司交易型开放式指数基金(以下简称"ETF")业务的风险管理,促进市场稳健发展,制定本指引。

**第二条** 基金管理公司管理在深圳证券交易所(以下简称"本所")上市的 ETF,应当严格遵守相关法律、行政法规、部门规章、规范性文件、本所业务规则和本指引。

---

① 引自深交所文件:(2010 年 9 月 1 日 深证会〔2010〕62 号)文。

**第三条** 基金管理公司发现风险事件决定向本所申请暂停ETF申购赎回和临时停牌的,应当及时通知本所。

## 第二章 人员、系统与制度

**第四条** 基金管理公司应当设立ETF运作团队和ETF风险管理小组,并对相关人员进行岗位培训。

**第五条** ETF运作团队负责制定ETF业务流程、投资规范等运营制度,进行ETF日常运作和实时风险监控,应当至少包括以下人员:

(一)基金经理与基金经理助理人员,负责基金的总体运作;

(二)负责基金估值与清算事务的人员;

(三)至少两名负责申购赎回清单文件(以下简称"PCF")与参考净值(以下简称"IOPV")计算文件生产等事务的人员;

(四)负责实时风险监控的人员;

(五)负责信息披露等事务的人员;

(六)负责ETF技术系统的人员。

除上述第(三)、(四)款人员可以由基金经理或基金经理助理人员担任外,其他人员不得相互兼任。

**第六条** ETF风险管理小组负责制定ETF风险管理制度、监督ETF运作团队的运作行为和处理风险事务,应当至少包括以下人员:

(一)风险管理小组组长(由公司高级管理人员担任,督察长可兼任),负责风险管理小组总体工作;

(二)督察长;

(三)ETF基金经理;

(四)运营负责人;

(五)技术负责人;

(六)对外联络和信息披露相关事务责任人。

**第七条** 基金管理公司应当提高业务运作电子化程度,建立以下技术系统:

(一)ETF 估值与清算系统;

(二)ETF 投资管理系统;

(三)PCF 及 IOPV 计算文件的生成、复核与发布系统;

(四)ETF 风险监控系统。

**第八条** 基金管理公司应当建立相应的内部管理制度并严格按制度执行。内部管理制度应当至少包括:

(一)ETF 运营制度,包括 ETF 业务流程(应当涵盖所有环节的详细业务运作流程及每一步骤的具体操作内容)、运营规范等;

(二)ETF 风险管理制度,包括 ETF 风险管理小组管理规范、ETF 运作团队管理规范、ETF 风险控制方案、应急预案等。

**第九条** 基金管理公司应当将 ETF 相关业务人员名单(见附表)、技术系统准备情况、ETF 内部管理制度清单等报本所。

### 第三章 申购赎回清单与参考净值

**第十条** 基金管理公司应当建立 PCF 与 IOPV 计算文件生成、复核与发布系统,制定详细的业务流程与操作规范。

**第十一条** 基金管理公司对于 PCF 参数的重大调整应当制定单独流程,可能引起 PCF 参数重大调整的情形包括:

(一)ETF 权益分派;

(二)指数成分股调整;

(三)影响重大的特殊成分股停复牌等重要公司行为信息;

(四)各类市场突发事件等。

**第十二条** 基金管理公司应当选择权威机构作为生成 PCF 所用原始数据的提供商,并签订相关服务协议,以保证原始数据的准确性、及时性与完整性。

基金管理公司应当从公共渠道获取数据对提供商的数据进行

核对或者以其他可行的方法对提供商的数据进行检查。

**第十三条**　基金管理公司应当对原始数据进行分析,形成分析结论。

对于可能导致 PCF 参数重大调整的原始数据,应当形成单独的 PCF 参数调整重要事件记录,供 PCF 后续生产环节以及 ETF 风险监控相关人员使用和参考。

**第十四条**　基金管理公司将原始数据及分析结论导入 PCF 生成系统前应当进行复核,并由 PCF 生成人员确认。

**第十五条**　基金管理公司设置 PCF 参数时,应当按既定的流程和操作规范对参数调整可能引发的市场行为进行评估,对于可能引发市场异常交易行为的参数调整,应当组织相关人员讨论确定。

**第十六条**　由生成系统生成的 PCF 应当经过复核系统的电子复核和复核人员的人工复核。复核系统与复核人员应当与生成系统及生成人员相互独立。复核内容应当至少包括:

(一)PCF 清单各参数之间勾稽关系的正确性;

(二)当日 PCF 相对前一交易日 PCF 参数变化与导致参数变化的原始数据之间的对应性。

复核发现问题,可能影响 PCF 正常发布的,基金管理公司应当立即报风险管理小组准备启动应急预案,并同时通知本所。

**第十七条**　PCF 在复核通过后、对外发布前,应当经基金经理确认;对于有重大参数调整的 PCF,应当经包括基金经理在内的两名人员确认。

**第十八条**　ETF 申购赎回通过本所办理的,基金管理公司应当委托本所或本所指定的第三方发布 PCF;ETF 申购赎回不通过本所办理的,基金管理公司可以根据情况选择自行发布 PCF 或委托第三方发布 PCF。基金管理公司委托第三方发布 PCF 的,应当与第三方签订相关服务协议并经本所同意。

**第十九条** 基金管理公司委托本所发布PCF的，应当严格按本所系统运行部要求向本所传送PCF和接收本所回传的PCF，并将回传的PCF导入PCF复核系统与传送的PCF进行一致性检查。发现异常的，基金管理公司应当立即报风险管理小组准备启动应急预案，并同时通知本所。

**第二十条** 基金管理公司应当监督PCF发布机构（包括本所、基金管理公司、受委托第三方）及时发布PCF并对已发布的PCF进行复查。复查内容至少包括：

（一）将已发布的PCF导入PCF复核系统与传送给发布机构的PCF进行一致性检查；

（二）由PCF生成人员根据市场最新信息对已发布的PCF各参数设置的恰当性进行审查。

发现PCF未能及时发布或已发布的PCF存在重大问题的，应当立即报风险管理小组启动应急预案，并同时通知本所。

**第二十一条** 基金管理公司应当通过IOPV生成系统生成IOPV计算文件，并对所生成的IOPV计算文件通过IOPV复核系统进行电子复核和复核人员进行人工复核。用经复核的PCF生成IOPV计算文件的，可不再进行人工复核。

**第二十二条** 基金管理公司委托本所计算发布IOPV的，应当严格按照本所相关要求提供计算方法和传送IOPV计算文件；基金管理公司自行计算IOPV后提供给本所发布的，应当严格按照本所相关要求传送IOPV计算数据。

基金管理公司委托第三方计算IOPV后提供给本所发布的，应当与第三方签订相关服务协议并经本所同意，第三方应当严格按照本所相关要求传送IOPV计算数据。

**第二十三条** 基金管理公司向IOPV计算机构（包括本所、基金管理公司、受委托第三方）发送IOPV计算文件前应当经基金经理确认。

第二十四条　基金管理公司应当要求 IOPV 计算机构回传 IOPV 计算文件，并对回传的 IOPV 计算文件与发送的 IOPV 计算文件进行一致性检查，确保 IOPV 计算机构正确地接收到 IOPV 计算文件。发现异常的，应当立即报风险管理小组准备启动应急预案，并同时通知计算机构和本所。

## 第四章　实时风险监控

第二十五条　基金管理公司应当制定 ETF 投资运作规范和建立 ETF 投资管理系统，并对投资运作规范内容定量化、参数化，在 ETF 投资管理系统中进行设定，严格限制基金交易行为，防范不合理或随意的主动交易可能带来的投资风险以及因成分股或现金头寸不足导致赎回失败的风险。

第二十六条　基金管理公司应当建立具有自动报警功能的风险监控系统，实时监控 ETF 运作情况。实时监控内容应当至少包括：

（一）ETF 交易（包括申购、赎回、买卖）状态是否正常，包括是否按事先设置的开关状态进行申购、赎回和买卖，以及是否因基金资产中个别成分股不足导致投资者无法正常赎回等情况；

（二）ETF 的交易量（包括申购、赎回、买卖）是否异常放大；

（三）ETF 买卖价格与 IOPV 的比值以及 IOPV 与标的指数点位的比值是否异常放大；

（四）基金账户成分股与现金余额是否存在发生因成分股或现金不足导致赎回失败的风险。

基金管理公司发现第（一）项异常情形的，应当立即报风险管理小组准备启动应急预案，并同时通知本所。

基金管理公司发现第（二）、（三）、（四）项异常情形的，应当立即报风险管理小组分析原因，并视情况决定是否申请立即暂停申购、赎回和临时停牌，同时将相关情况通知本所。

第二十七条　基金管理公司应当在每个交易日开市后的前30分钟安排专人值守风险监控系统,实时监控 ETF 开市运行是否正常;其他交易时间内应当至少保证相关人员能收到风险监控系统自动发出的报警信息。

### 第五章　附　则

第二十八条　本所可对基金管理公司的 ETF 风险管理情况进行检查,基金管理公司应当予以配合。

第二十九条　本指引由本所负责解释,自发布之日起施行。

# (九)ETF——风险案例分析

## 1.华安上证 180ETF 事件(2009.4.13)

事件内容:2009 年 4 月 13 日上午,180ETF 大幅折价,ETF 价格中午收盘上涨 4.19%,半天的换手率就达到了 22.55%,成交量为前日的 4 倍。中午华安基金公告称,180ETF 因申购赎回清单中的预估现金计算出现偏差,为保护投资者利益,于 2009 年 4 月 13 日 13:00 至 15:00 停止基金份额的二级市场交易和一级市场申购赎回。

原因:4 月 10 日为 180ETF 分红日(每 10 份送 1.49 元),那么在 13 日的 PCF 制作中,前日的最小申购赎回单位的基金资产净值需扣减相应的收益分配数额,但是基金管理人却没有扣减这一数额,从而导致 13 日预估现金差额过高[T 日预估现金差额＝T-1 日最小申购赎回单位的基金资产净值－（PCF中必须用现金替代的固定替代金额＋PCF中可以用现金替代成分证券的数量与T日经除权调整的前收盘价乘积之和＋PCF中禁止用现金替代成分证券的数量与T日经除权调整的前收盘价乘积之和）〕，并且使得基金份额参考净值（IOPV）虚高〔基金份额参考净值＝（申购赎回清单中必须用现金替代的替代金额＋申购赎回清单中可以用现金替代成分证券的数量与最新成交价相乘之和＋申购赎回清单中禁止用现金替代成分证券的数量与最新成交价相乘之和＋申购赎回清单中的预估现金部分）/最小申购赎回单位对应的基金份额〕，因此使得行情中显示ETF大幅折价，套利资金大量涌入。

解决方法：准确无误的操作方法应该是在计算预估现金差额时，严格按照公式计算，需扣减相应的收益分配数额。

## 2.交银施罗德上证180治理ETF事件（2009.12.30）

事件内容：180治理ETF盘面上大幅折价，上午10时08分二级市场开始火箭式蹿升，10时10分涨停，10时24分起该基金停止交易及申购赎回。治理ETF申赎清单出现重大失误，导致公布的参考单位比正常值高出一倍，投机套利盘的疯狂涌入导致其涨停。

原因：PCF清单出错，部分成分股股数与前日相差较大（如清单中中国平安900股错弄成10 100股），导致IOPV由实际的0.89变成1.74，从而二级价格大幅折价。套利投资者大量涌入导致价量迅速上升，按照赎回ETF的套利模式，投资者可在停牌前以不到1元的价格买入，然后再以1.802元的价格赎回，账面套利收益率接近100％。

解决方法：制作PCF清单时，需要十分谨慎细心，而且必须考虑到任何可能出现的情形，并合理设置解决方案。

第六章

## 增强型指数投资

# （一）增强型指数投资的理论来源与发展

## 1.增强型指数投资的理论来源

指数基金在过去的十几年间呈现了爆发式的增长，但传统指数基金的投资运作方式，可以说几乎没有大的改变，然而针对传统指数基金的改进和创新从未停止，其中增强型指数投资就是最为重要的分支。20 世纪 90 年代初，增强型指数基金开始逐渐兴起，之所以被称为增强，是因为这类基金试图获得稍微超越基准指数的收益，通常其策略是增加少量跟踪误差的暴露，来获得一些相对基准的超额收益表现，如1％～3％的年化超额收益。增强指数基金策略的本质是，在被动型运作的基础上，加上一定比例的 alpha 投资策略，并将跟踪误差控制在一定范围内，以期获得增强的业绩。尽管理论上，增强的业绩只是"少量"的，但是这些"少量"，在投资者尤其是机构投资者看来，其长期年化的预期超额收益是大大增加的。

从策略分类看，增强指数投资是在 beta 策略中融入 alpha 策略，或者说是在被动投资中加入了主动投资策略，要求基金经理既熟悉被动指数操作，又具备主动投资获取 alpha 的能力，并能够认同融合投资，有能力将两种策略结合起来进行投资。

图 6-1 举例说明了增强指数原理。

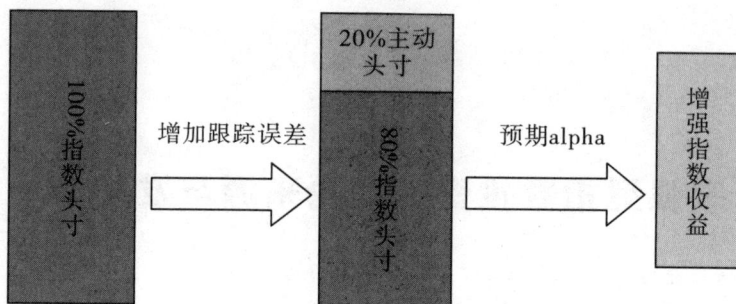

**图 6-1 增强指数原理举例**

与传统指数基金仅仅跟踪指数获得平均收益和风险不同,增强指数基金聚焦的是风险调整的收益。后者的主动增强头寸给基金操作带来空间,源于市场中总是存在一定的无效之处和"套利"机会。假设若市场指数上涨了 10%,而增强指数基金净值增长了 10.5%;若市场下跌了 10%,而增强指数基金净值只下降了 9.5%,在这样的过程中,增强指数基金的风险调整收益要显著优于传统指数,增强操作还给投资者留下美丽的想象空间。

## 2.增强型指数投资的发展

在美国,增强型指数投资在 20 世纪 90 年代后获得了很快的发展并被追捧,根据美国《养老金和投资》杂志的调查,从 1994 年到 2000 年,增强指数基金的规模从 330 亿美元增长到 3 650 亿美元!

国内增强指数基金的发展可以说已经有很长的历史,但量化增强还是较新的事物。早期的指数基金中,有相当部分都设计成了增强型,尽管目前其增强方法并不得知,但基本上都不是采用量化方法增强。但新近发行的增强指数基金中,有相当部分采用量化增强的方法,而这些增强的标的指数也基本是国内最主流的股票指数。2011年,富国沪深300增强指数基金获得了显著超越沪深300指数的收益,再次引起了市场的强烈关注,开始不断有同行打探其"投资秘诀",简单来说,其投资原理是基于行业中性的多因子选股增强加算法交易。

截至2014年年底,国内增强指数基金数量为45只,基金资产净值超过660亿元,并处于不断增长中。

# (二)增强型指数投资的增强策略

增强型指数基金实际上结合了主动和被动的投资策略,被动策略是投资的基础,而增强策略成为投资的核心。从大类上看,增强策略包括基本面增强、量化增强、合成增强,以及将这三者结合起来的方法。本书重点从量化增强角度分析。

## 1.战略方法

量化增强方法种类繁多,总体来说,战略方法包括但不限于以下:

(1)择时

通过在整体股票仓位上的偏离来实现增强,由于总风险暴露程度改变,导致基金跟踪误差的可能偏离较大,因此是一种风险较高的策略,从国内外实务界的操作看,采用择时增强的案例很少。

(2)风格与行业配置

通过股票组合在风格或行业上的偏离，加以在风格和行业层次内进一步优化的方法来实现增强，但通常会对偏离程度进行一定限制，以防止风格和行业风险偏离过度。风格划分主要依据价值成长、市值大小，行业划分主要是基于投资性属性较强的行业分类，通常是一级行业。

（3）行业中性下的选股

在行业中性或接近于行业中性的情况下，在行业内部进行量化方法的股票筛选和权重优化配置，选股的范围可以是在指数成分股范围内，也可以在契约中设定为更宽松的范围，甚至全市场。

（4）税收管理策略（tax-managed strategies）

该策略最近在美国等市场开始使用，主要通过规避或减少税收来实现指数基金的相对业绩增强。

（5）交易策略

通过更加先进的交易策略，如算法交易，力图减少基金换手、市场摩擦、冲击成本等不利因素，以实现增强。

## 2.战术方法

更进一步地分析，战术方法主要包括但不限于以下：

（1）多因子模型

多因子模型的原始模型就是诺贝尔经济学奖获得者 Fama 提出的 Fama-French 模型：一个投资组合（包括单个股票）的超额回报率可由它对三个因子的暴露来解释，这三个因子是市场资产组合（$R_m - R_f$）、市值因子（$SMB$）、账面市值比因子（$HML$）。这个多因子均衡定价模型可以描述为：

$$E(R_{it}) - R_{ft} = \beta_i [E(R_{mt}) - R_{ft}] + s_i E(SMB_t) + h_i E(HMI_t)$$

其中 $R_{ft}$ 表示时间 $t$ 的无风险收益率；$R_{mt}$ 表示时间 $t$ 的市场收益率；$R_{it}$ 表示资产 $i$ 在时间 $t$ 的收益率；$E(R_{mt})-R_{ft}$ 是市场风险溢价，$SMB_t$ 为时间 $t$ 的市值因子的收益率，$HMI_t$ 为时间 $t$ 的账面市值比；$\beta_i$、$s_i$、$h_i$ 分别是三因子的系数。

现代的多因子模型更加完善，不仅在因子方面丰富多样，在运作细节上也更加细化：包括规模、价值、成长、动量、波动、质量、杠杆、行为、宏观等。表 6-1 显示了 Barra 模型中部分风险因子。

**表 6-1    Barra 模型中的部分风险因子**

| 风险因子描述 | 风险因子 |
|---|---|
| 日频率的标准差 | 波动率 |
| 相对强度 | 动量 |
| 市值 | 规模 |
| 换手率 | 交易活跃度 |
| 5 年期股利支付率 | 增长 |
| 历史 EP | 净收益率 |
| PB | 价值 |
| 盈利变化 | 盈利变化率 |
| 市场杠杆 | 杠杆 |
| 外汇暴露水平 | 货币敏感度 |
| 预期分红 | 红利分配 |

（2）事件型策略

事件型机会包括股票的增发、分红、配送股、股权激励、股东行为等事件，也包括某些重大利好或利空给股价带来的刺激事件。如股票增发通常以一定的折价发行，投资者获得一定的安全垫。高分红股票刺激某些投资者在分红股权登记前买入股本，以获得分红收益。甚至股权激励、高送转等行为也会导致股票价格的大幅波动。另外，在可卖空市场，某些特性的投资者会就某些受重大利空的股票，进行融券卖空交易,以获得利空事件收益。指数成分股调整前后,对于调入和调出的股票通常也存在一定空间的事件型交易机会。

(3)套利策略

套利策略包括可转债套利、股票统计套利、权证套利等。当前的 A股市场,权证已经不复存在,而随着最近可转债规模的扩大,部分套利交易者开始跟踪可转债套利。统计套利在增强上的运用还比较少,我们认为在部分经过历史检验的、少量的配对股票上会存在统计套利的机会,相应地给予高低配,也是一种做 alpha 增强的途径。

(4)买卖空策略

该策略是指利用衍生品和融资融券等手段,通过对相对看多资产的多头配置,以及对看空资产的空头配置,来执行增强策略,前面介绍的 130/30 策略就是该类策略的一种典型代表。

(5)衍生品增强策略

通常运用少部分资金,投资于标的指数的衍生品,用于保障对基准指数的跟踪误差,剩余部分可以通过投资固定收益等资产来实现增强。

# (三)增强型指数基金的业绩

## 1.国外增强型指数基金的业绩

我们找到了两个研究报告,一个来自学术界,一个来自投资界,均证实了增强指数基金具有整体的跑赢基准指数的能力。

"Do Enhanced-Return Index Funds Show Excellent Management

Skills? —New Evidence from a Bootstrap Analysis"这篇报告选取了15 只开放式增强指数基金,跟踪的基准指数为标普 500 指数,时间段是 1996 年 1 月至 2007 年 3 月,共 135 个月的样本点。它考察基金的增强业绩能力,结果发现:增强指数基金年化的平均超额收益为 7.39%,其中运用选股增强的指数基金样本的平均超额收益为 7.67%,运用衍生品增强的指数基金样本的平均超额收益为 7.28%(见表 6-2)。尽管样本点较小,但这仍表明在 1996 年至 2007 年间标普 500 增强指数投资的有效性。

表 6-2 总体增强业绩

|  | 总体超额收益<br>(%/年) | 选股增强超额收益<br>(%/年) | 衍生品增强超额收益<br>(%/年) |
| --- | --- | --- | --- |
| 均值 | 7.39 | 7.67 | 7.28 |
| 最小值 | 3.21 | 7.19 | 3.21 |
| 最大值 | 8.95 | 7.94 | 8.95 |
| 25%分位 | 7.42 | 7.50 | 7.42 |
| 75%分位 | 8.18 | 7.95 | 8.39 |
| 中位数值 | 7.94 | 7.77 | 8.00 |

第二个报告来自投资界的 Johnson Institutional Management 公司基金经理 Dale H. Coates,其 2008 年 6 月的报告"Why Index When You Can Enhance?"对指数增强方法和历史业绩进行了分析,其中分别对运用短债的合成增强和选股增强(选股增强中位数:选取了 1998 年年初至 2008 年 3 月底 10 年以上的业绩表现期,以美国大盘股票增强为方法,以标普 500 指数为比较基准的增强基金,数据来源于 The eVestment Alliance Database)的 alpha 进行了比较,发现两种类型均获得了一定的超额收益,其中合成增强年化 alpha 为 1.1%,选股增强年化 alpha 为 0.49%。

表 6-3　选股与合成增强业绩

| 大盘股票增强方法 | 年化 alpha | 信息比率 | 跟踪误差 | 标准差 | $R^2$ |
|---|---|---|---|---|---|
| 运用短久期债券的合成策略 | 1.10 | 0.78 | 1.35 | 16.17 | 0.99 |
| 选股策略 | 0.49 | 0.32 | 1.67 | 16.73 | 0.99 |

## 2.国内增强型指数基金的业绩

国内部分，量化增强指数基金的数量和历史并不够长，我们在前一部分的增强指数基金列表中，挑选出采取量化增强策略，并且成立时间在 2010 年及 2010 年以前的 6 只基金（见表 6-4），对其业绩进行分析。基金业绩以净值为准，业绩基准以标的指数收益率为准，起点为基金开放后连续公布净值日，截止日为 2012 年 5 月 24 日，收益率进行年化处理，以加强直观性。

表 6-4　增强型指数基金样本

| | 成立日 | 标的指数 |
|---|---|---|
| 富国中证红利 | 2008-11-20 | 中证红利指数 |
| 国富沪深 300 | 2009-09-03 | 沪深 300 指数 |
| 中银中证 100 | 2009-09-04 | 中证 100 指数 |
| 富国沪深 300 | 2009-12-16 | 沪深 300 指数 |
| 宝盈中证 100 | 2010-02-08 | 中证 100 指数 |
| 中海上证 50 | 2010-03-25 | 上证 50 指数 |

分析发现：6 只基金中，有 2 只基金 alpha 显著，1 只持平，2 只稍落后于指数，1 只明显落后于指数。这样的数据未必能让投资者产生意识上的兴奋，但至少在这不长的 2 年的时间里，有 2 只基金持续产生了极强的 alpha 能力，至少不能证明量化增强指数投资不可为！表 6-5 展

示了基金年化收益与标的指数年化收益的具体比较数据。

表 6-5　基金年化收益与标的指数年化收益比较（随机顺序排列）

| 基金年化收益 | 标的年化收益 | 年化超额收益 |
| --- | --- | --- |
| −3.81% | −9.62% | 5.81% |
| −9.13% | −12.38% | 3.25% |
| 10.26% | 10.48% | −0.22% |
| −5.33% | −4.36% | −0.97% |
| −11.47% | −10.30% | −1.17% |
| −9.57% | −6.91% | −2.66% |

数据来源：Wind 资讯

　　我们仅以其中一个沪深 300 指数增强基金为例（见图 6-2、图 6-3、图 6-4），观其业绩表现和份额规模变化，两年多的时间里，年化超额收益高达 5.8%，并且相对收益的波动和回撤非常之小，表现一鸣惊人！份额规模方面，近几年，尤其是 2011 年以来基金申赎市场整体相当低迷，多数基金不仅遭遇单位净值的下跌，还遭遇大量赎回，但沪深 300 增强指数基金，尤其是 2011 年以来，在业绩效应等因素的带动下，份额和规模不降反升，实现翻倍的增长。这其中，稳定的增强业绩带给机构投资者极大的吸引力，机构投资者持有占比由 2010 年年中的 25% 一路上升到 2011 年年底的 74%！

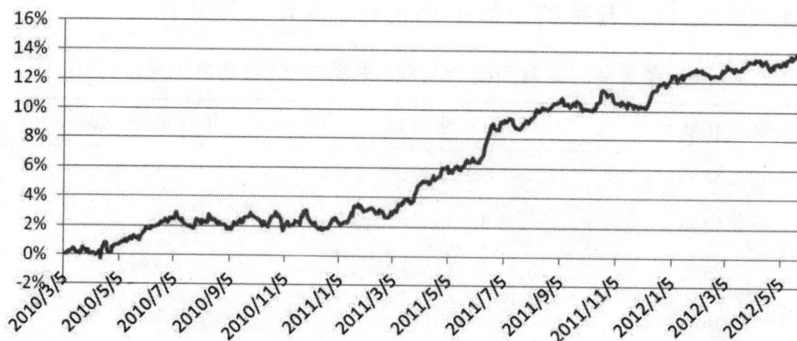

**图 6-2　某沪深 300 增强指数基金超额收益**

数据来源：Wind 资讯

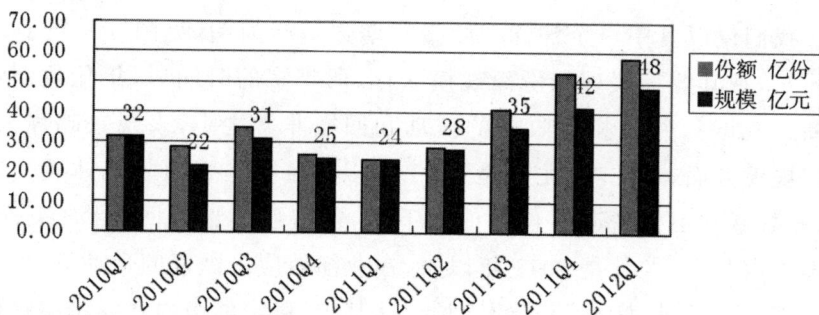

**图 6-3　某沪深 300 增强指数基金份额与规模发展**

数据来源：Wind 资讯

## （四）2008 年的反思

　　2007 年下半年到 2008 年，量化基金（包括量化对冲基金、主动量化基金和增强型量化基金）遭遇了一场风波，即所谓的"宽客危机

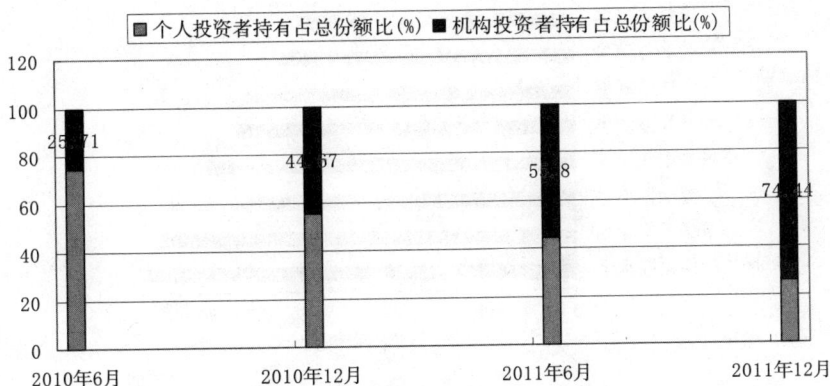

图 6-4　某沪深 300 增强指数基金机构持有占比

数据来源：Wind 资讯

（quant crunch）"。在这场风波中，量化对冲基金业绩波动尤其显著，如
7 月末 8 月初，整个美国股市下跌 4％，但是 Renaissance Institutional
Equities 下跌 8.7％，AQR Capital Management 下跌 13％，Goldman
Sachs Global Equity Opportunities 下跌 30％，Tykhe Capital LLC 下
跌 20％，等等，主动量化和增强量化也受到了不小的影响，尽管其损伤
要小于这些对冲基金，但几乎所有的量化产品都受到了质疑。

　　此后，量化投资者和研究者对此进行了大量的反思，以期进一步改
善量化投资。其中比较著名的是，2008 年，Fabozzi 等人在"Challenges
in Quantitative Equity Management"一文中进行了大量的讨论和分
析，以及大量的实际调研，从各个角度对量化投资进行反思。具体参见
图 6-5 至图 6-9：

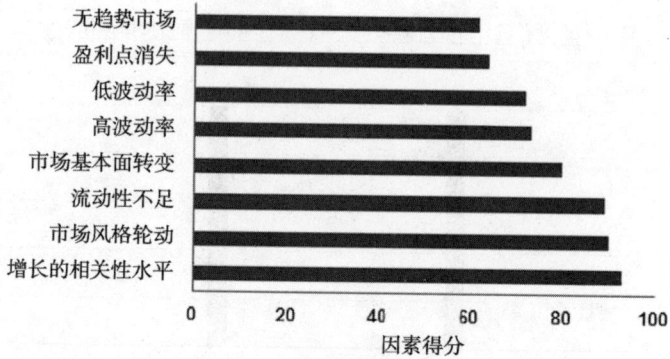

**图 6-5　影响量化投资绩效的市场因素**

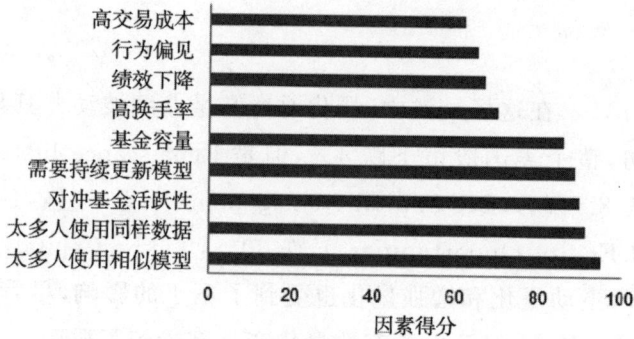

**图 6-6　影响量化投资绩效的人为因素**

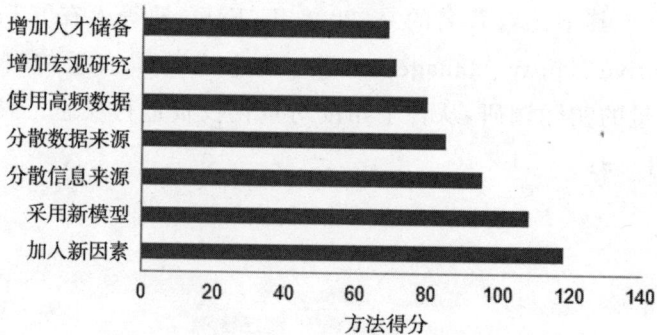

**图 6-7　改进量化投资的方法**

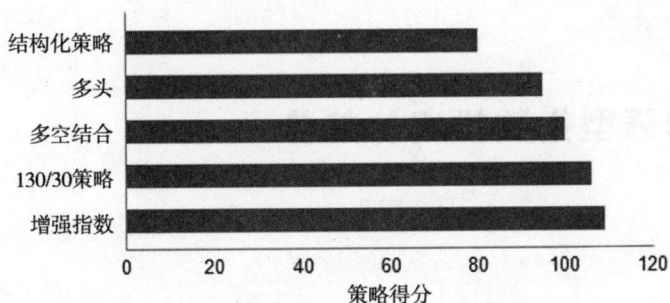

图 6-8 量化投资在各种策略中的表现

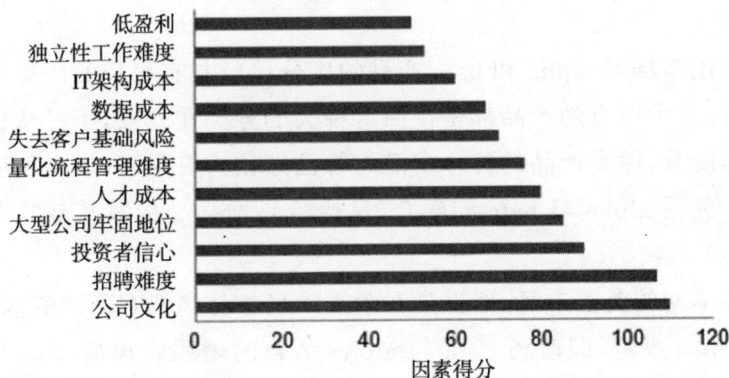

图 6-9 进入量化投资领域的障碍

（1）从市场因素看，影响业绩的三个最主要因素是相关性水平、风格轮动、流动性。从人为因素看，最主要的因素是模型和数据的同质化。这些因素恰恰得到了实际情况的验证。

（2）反思认为，提高量化业绩的主要方法是创新，包括新因素、新模型和新数据，细分来看，包括高频数据、宏观因子等创新。这些新角度正是近两年来，全球量化投资者所紧锣密鼓进行的工作。

（3）同时文章还做了一些很好的总结：①量化基金中，增强指数基金是表现最好，最有吸引力的品种。②量化基金的门槛中，最高的是投资文化和人才，而并非投入成本。

# (五)增强型指数投资的趋势

## 1.增强型指数投资的产品趋势

美国市场对 alpha 和 beta 产品的区分已经具有很长的历史和深刻的理解,几乎所有的产品都是按照这种大的分类在开发,不过从独立区分的角度看,两类产品的再开发潜力都已经较为有限了,未来发展的趋势之一就是 alpha 与 beta 的融合,这恰恰是增强型指数基金的本质所在。

在早期的美国市场,增强是在承受市场整体风险(beta)的基础上,进行 alpha 投资,即市场 beta 与 alpha 结合的增强。再后来以九宫格为代表的风格投资成为典范后,风格 beta 与 alpha 结合的增强产品广泛发展,即缩小 beta 承受范围,在风格既定的条件下进行 alpha 投资。目前此类产品基本上不仅覆盖了多数增强指数基金的主流产品线,同时也是几乎所有共同基金公司的框架选择。

我们预测,在美国,行业 beta 与 alpha 结合的增强产品,将在日后成为增强的又一产品形态,尤其是大型行业和长期看好行业(见图 6-10)。

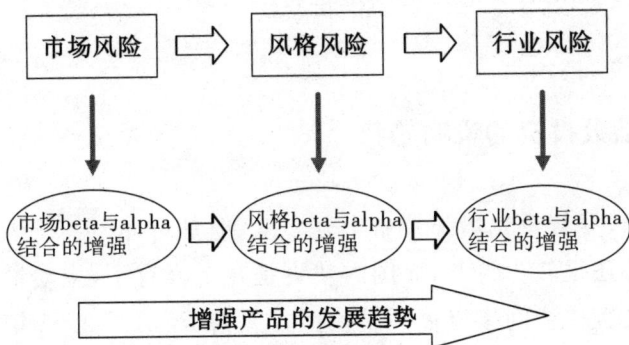

图 6-10　不同的 beta 与 alpha 融合后产生新的增强产品

## 2.增强型指数投资的公司和团队趋势

在公司和量化团队的发展上,将越来越专业,越来越精细。

在美国,很多的基金公司成立的宗旨和运作方向就是提供量化基金(包括增强型基金),提供专业化服务,如 Numeric Investors,LSV Asset,Dimensional Fund Advisors 等公司,这些公司都专注于量化业务。目前在公司和团队规划上存在两种趋势:一是独立出旗下量化部门,甚至成立量化子公司,专门从事量化投资业务;二是通过兼并收购方式,开展量化投资业务。

在国内市场,公募基金成立独立的量化投资部已经成为主流趋势,尽管没有人声称自己专注于增强指数产品,但从实际运作上看,在量化发展的较早期,许多公司都是先尝试增强指数投资,这样既能够在实践中训练团队的量化投资能力,又能尽量降低下方风险。

国内还没有专门投资于量化业务产品的公募基金,但专注于量化业务的私募基金已经大量出现,少量公司已经取得突破。我们认为,在未来,专注于量化投资的公募基金也将出现。

### 3.增强型指数投资的策略趋势

一方面,尽管量化增强策略十分丰富,但是对冲、卖空、衍生品等策略共同基金还是较少涉及,而国内就更是几乎没有了,主动量化基金的策略仍然是直接或间接以多因子模型为主,在经历了 2008 年的反思之后,海外量化共同基金将更进一步优化和改进多因子模型,角度包括:

①寻找更新的数据和因子,如高频数据;

②加入宏观因子,以发现和避免系统风险和极端情况;

③改善风险管理,以提高组合管理水平;

④恰当引入多空策略,如 130/30 基金。

另一方面,诸多的创新量化策略也在不断被开发,这其中包括高频数据开发、衍生品运用、新型算法交易等,而在中国,这些策略的开发和运用还处于早期阶段。

# (六)增强型指数投资的实例

海外很多指数基金管理公司都推出了自己的增强型指数基金,如 Vanguard、State Street、BGI、Johnson、Dimension Fund 等等,我们分别选择其中的选股增强策略代表和合成增强策略代表,来分析它们的核心策略和增强业绩。

## 1.选股增强——Vanguard Global Enhanced Equity Fund

该增强指数基金是先锋基金中最为有名的增强基金之一，成立于2007年4月，跟踪基准为 MSCI World Free Index（由全球发达市场的代表性股票市值加权编制）。

该基金的增强策略是采用量化选股方法。该基金由先锋量化股票团队负责管理，该团队运作超过16年，目前共管理超过200亿美元的量化策略基金。该团队量化的基础理念可以概括为：（1）市场无效性提供了超额收益的来源；（2）定量策略可以挖掘错误定价之处；（3）专注于行业内选股；（4）保持因子暴露的中性化能够有助于业绩的持续稳定；（5）风险控制是保持 alpha 的必要条件。

图 6-11、图 6-12 展示了 Vanguard 增强、选股策略及其结果，图 6-13 至图 6-15 则显示了 Vanguard 增强基金的特征、行业偏离及业绩。

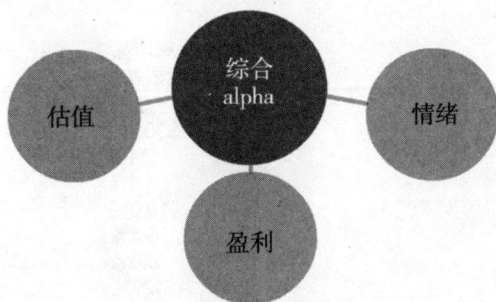

**图 6-11　Vanguard 增强选股策略**

数据来源：Vanguard enhanced equity：systematic stock selection, rigorous risk control

吸引力大 ←——————————————————————→ 吸引力小

（图表：堆叠柱状图，纵轴刻度为 0、10、20、30、40、50、60、70、80、90）

横轴标签：
ARCHER-DANIELS-MIDLAND、AJINOMOTO CO、ASAHI BREWERIES、CONAGRA FOODS、SARA LEE CORP、KRAFT FOODS A、SCOTTISH & NEWCASTLE、GENERAL MILLS、FOSTERS GROUP、CAMPBELL SOUP CO (US)、COCA-COLA HBC、GALLAHER GROUP、BUNGE、HEINEKEN NV、KIRIN BREWERY CO、IMPERIAL TOBACCO GROUP、KELLOGG CO、HEINZ (H.J) CO、WRIGLEY WM JR CO、PERNOD RICARD、CADBURY SCHWEPPES、ALTADIS、HERSHEY CO (THE)、NUMICO (KON.)

■ 情绪　■ 估值　■ 盈利

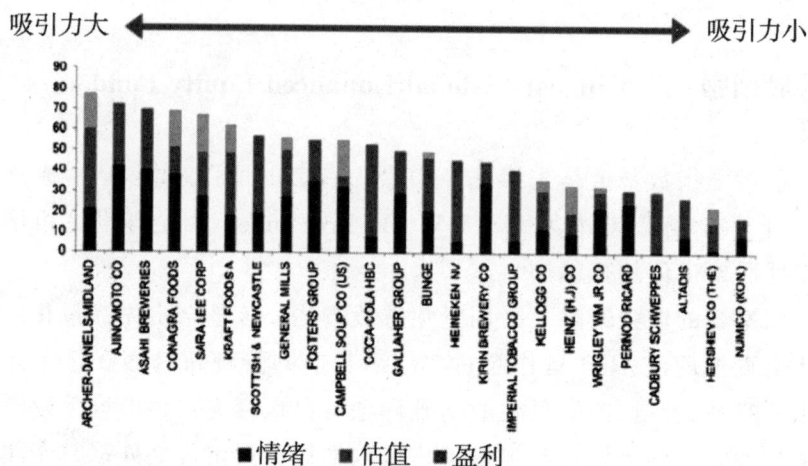

**图 6-12　Vanguard 增强选股策略的结果**

*数据来源*：Vanguard enhanced equity：systematic stock selection，rigorous risk control

| 基金的特征 | 全球增强型股票基金 | MSCI World Free Index |
|---|---|---|
| 股票数量 | 217 | 1 610 |
| 中位市值 | $308亿 | $385亿 |
| 市盈率 | 11.4 | 15.0 |
| 市净率 | 1.7 | 1.8 |
| 股本回报率 | 19.0% | 18.0% |
| 收益增长率 | 6.4% | 5.1% |
| 现金投资 | 0.0% | — |
| 周转率 | 127% | — |
| 股权收益(股息) | 2.8% | 2.8% |

PTR（Portfolio Turnover Rate）方法在计算周转数据时考虑了证券购买与销售、认购与赎回，以及基金的净资产。数据为2012年4月30日数据。

**图 6-13　Vanguard 增强基金的特征**

*数据来源*：Vanguard Global Enhanced Equity Fund，2012

| 行业分布（占普通股比重） | 全球增强型股票基金 | MSCI World Free Index |
|---|---|---|
| 奢侈品 | 10.9% | 10.9% |
| 必需品 | 10.0 | 10.7 |
| 能源 | 11.5 | 11.1 |
| 金融 | 18.3 | 18.6 |
| 卫生保健 | 9.8 | 10.2 |
| 工业股 | 11.6 | 11.0 |
| 信息技术 | 13.5 | 12.8 |
| 原材料 | 6.7 | 7.1 |
| 电信服务 | 4.5 | 4.0 |
| 公用事业 | 3.2 | 3.6 |
| 总计 | 100.0% | 100.0% |

**图 6-14　Vanguard 增强基金的行业偏离**

数据来源：Vanguard Global Enhanced Equity Fund，2012

| Vanguard Global Enhanced Equity Fund—USD | 法人股 | | MSCI World Free Index（美元） |
|---|---|---|---|
| | 净支出 | 总支出 | 法人股 |
| 1个月 | -0.71% | -0.67% | -1.14% |
| 3个月 | 5.74 | 5.87 | 5.03 |
| 今年以来 | 11.39 | 11.57 | 10.30 |
| 1年 | -3.89 | -3.40 | -4.63 |
| 3年 | 17.07 | 17.65 | 15.61 |
| 5年 | -0.98 | -0.48 | -1.78 |
| 成立以来 | -0.99 | -0.49 | -1.72 |

**图 6-15　Vanguard 增强基金业绩**

数据来源：Vanguard Global Enhanced Equity Fund，2012

在实际操作中，该基金将不少于 90％的资产投资于指数成分股，有吸引力的估值和成长是最重要的因子部分，但总体可以分为估值、盈利、情绪三大类指标，而每大类指标下又分为更多的细化因子来共同决定股票的综合 alpha 水平，并按照吸引力水平排序出较高和较低的股票，从而提供精选的股票标的。

从该基金的组合构成来看,其持有股票仅 217 只,相对于基准指数成分股的 1 610 只少了很多,相对基准较低的 PE 和 PB 估值,较高的成长率,以及稍小的市值,反映了其因子选择偏好,其 beta 值为 1.05,稍大于 1,同时在行业上保持较小幅度的偏离,从而保证组合在中性水平上。

从基金的业绩表现看,无论长期还是短期,均有一定的超额收益,达到了增强的目标。

## 2.合成增强——Johnson Institutional Management

Johnson Institutional Management 的前身创立于 1965 年,创始人 Timothy Johnson 博士当时就职于辛辛那提大学,提供投资咨询服务。1976 年,Timothy 被辛辛那提大学聘请管理该校的捐赠基金,从而公司有了首个机构客户。现在,公司管理的资产超过 60 亿美元。

增强型指数投资是该公司的业务之一,旗下标普 500 增强指数基金(Johnson enhanced index)是一只以标普 500 指数为基准目标,以年化 50 到 100 个基点为超额收益目标的增强基金。图 6-16 展示了该基金的增强策略。其策略核心是"合成复制策略组合+债券增强组合",即一方面通过股指期货、互换甚至 ETF 等资产的投资来复制标普 500 指数的业绩表现,另一方面通过投资短债资产来增加基金组合的收益(这是增强收益的主要来源)。

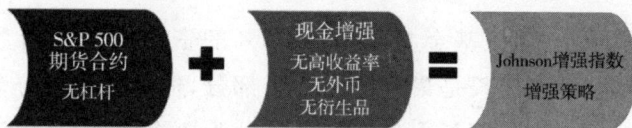

**图 6-16　Johnson 增强指数的增强策略**

该基金业绩表现非常优秀,长期看,几乎每年都跑赢基准,年化超额收益为 1.93%,年化跟踪误差为 1.46%！其规模也从 2005 年的 100 万美元增长到 2011 年的 2.13 亿美元！表 6-6、表 6-7 分别详细报告了该基金的增强业绩与规模、年化收益与风险。

表 6-6　Johnson 增强指数的增强业绩与规模(年度)

|  | 收益率 | S&P 500 指数 | 标准差 | 账户数 | 总规模 (百万美元) |
|---|---|---|---|---|---|
| 2005 | 4.18% | 4.91% | n/a | 1 | 1.08 |
| 2006 | 15.99% | 15.81% | n/a | 2 | 52.42 |
| 2007 | 6.04% | 5.50% | n/a | 1 | 54.80 |
| 2008 | −36.72% | −37.00% | n/a | 2 | 107.34 |
| 2009 | 31.00% | 26.46% | n/a | 2 | 173.69 |
| 2010 | 17.99% | 15.06% | n/a | 2 | 225.56 |
| 2011 | 3.82% | 2.12% | n/a | 2 | 213.50 |

数据来源:Johnson Enhanced Index,2012

表 6-7　Johnson 增强指数的年化收益与风险

| 年化 alpha(%) | 1.93 |
|---|---|
| 信息比率 | 1.35 |
| 跟踪误差(%) | 1.46 |
| 标准差 | 22.00 |

数据来源:Johnson Enhanced Index,2012

第七章

**指数投资创新方向**

尽管现在的指数投资和指数产品已经十分丰富,但沿着更加透明、更低成本、更佳投资体验的创新方向,还有很多更细分、更新颖的指数产品有待开发。另外,指数投资在管理、团队合作、投资策略等方面也存在可改进、创新之处,以下是笔者一些拙见。

# (一)指数产品形式的创新

中国的指数产品和创新总是能做到极致,在产品条款、投资模式甚至规模方面,都有做到极致的可能。创新是指数基金发展的最大推动力之一,所以这也是我们坚定指数创新的信心来源。沿着更加透明、更低成本、更佳投资体验的创新方向,我们认为未来的指数产品创新包括多空分级指数基金、杠杆 ETF、130/30、合成指数基金、FOF 指数基金等品种,而且每一个品种都有可能创造新的投资需求和新的规模增长模式。这些品种前面多数都有介绍,这里就不再阐述。我们主要介绍一下指数分级基金,这也是近年来我国指数创新的代表作品。

## 1.指数分级基金的条款设计

分级基金是通过对母基金的净值收益进行再分配(低风险级是每年可获得约定收益的 A 类份额,高风险级是在支付约定收益后,获得剩余风险收益的 B 类份额），从而形成两级不同风险与收益特征的基金。本质上，B 份额是通过支付成本向 A 份额融资，实现对基础资产的杠杆投资。

按照投资标的和运作模式的不同，分级基金分为股票型、债券型、半封闭式、永续型、有运作期型等类型，当前主流是永续型股票指数分级基金，我们主要介绍这种类型分级基金的条款设计。目前不同基金的条款存在差异，但总体上比较标准化，重要的条款包括：①标的指数；②操作模式；③份额配比；④A 份额约定收益；⑤定期折算；⑥不定期折算。

（1）标的指数

使用指数作为投资基准，使得分级基金的透明度最大化，投资者在盘中看着指数行情就可以预期到基金的净值，强化了投资的体验度。早期的分级标的通常选择宽基指数，如沪深 300、深 100 等指数。再后来行业指数和主题指数被越来越多地用于标的指数，行业主题类分级基金在结构型市场和轮动型市场中，为投资者提供了更多更好的选择工具。

（2）操作模式

投资操作模式主要有三种。一是通过申购赎回方式投资母基金，类似于申赎普通指数基金；二是通过交易所交易方式，分别买卖 A/B 份额；三是套利模式，分为溢价套利和折价套利两种，溢价套利是指当分级基金整体溢价时，投资者通过"申购母基金—场内拆分成 A/B 份额—场内卖出 A/B 份额"的步骤进行套利，反之为折价套利。

（3）份额配比

在《分级基金注册审核指引》的限制下，股票分级基金的初始杠杆不能大于 2，因此，目前多数分级基金的配比采用 1∶1，从而保证 B 份额的杠杆率在法规允许的范围内达到最大。

（4）A 份额约定收益

目前 A 份额的约定收益率多数采用"1 年定存利率＋固定利差"的

方式,固定利差多数是 3％或 3.5％,也有些在 4％以上。A 份额投资者的目的是每年获取合理的利息收入,但这种利息不能通过单独申赎 A份额实现,而是通过 A 份额的场内交易实现,因此,A 份额投资者每年所获得的收益并不是约定收益率,而是隐含收益率[计算方法为:A 份额约定收益率/(A 份额交易价格/A 份额净值)]。另外 A 份额约定收益也可以通过定期折算实现。

（5）定期折算

定期折算多数是将 A 份额净值大于 1 元的部分以母基金的形式分配给 A 份额的原持有人,定期折算机制实质上是 A 份额的利息分配机制。

（6）不定期折算

多数永续型分级基金设置了不定期折算条款。当 B 份额的净值达到一定阈值(一般为 0.25 元)时,发生向下不定期折算;当母基金的净值达到一定阈值(一般为 1.5 或 2 元)时,发生向上不定期折算。

向下不定期折算机制本质上保护了 A 份额持有人的本金安全。当 B 份额净值跌至 0.25 元时,将 A 份额净值超过 B 份额净值的部分以母基金形式返还给 A 份额持有人,剩下部分和 B 份额继续配对,配对后份额配比保持 1∶1 不变。

向上不定期折算是指当母基金的净值涨到一定阈值时,分别将 A、B 份额净值大于 1 元的部分以母基金的形式分配给各自的持有人。这为 B 份额投资者提供了退出机制,也使得杠杆比率恢复到初始水平。

## 2.指数分级基金的最大创新——"一鱼四吃"

指数分级基金的最大创新就是一只产品提供了适合高、较高、低风险厌恶程度投资者,以及套利投资者的四种工具,可谓"一鱼四吃"。这四种工具分别是 A 份额、母基金、B 份额、套利机制。

A 份额类似于债券,高风险厌恶投资者可以通过二级市场交易,很便捷地进行类固定收益投资。

母基金就是指数基金,风险介于 A 和 B 之间,指数投资者可以通过场外和场内两种申赎方式进行投资。

B 份额即杠杆份额,适合低风险厌恶者,二级市场交易机制使得投资者的参与过程更加便捷。

套利机制给套利投资者提供了新的套利来源,尽管这种套利是有风险的,但也正是这种不确定性,给套利者创造了更大的操作空间。

# (二)指数投资流水线

传统被动指数的投资管理方法已经基本成熟,各个重要环节上也基本没有较大的革新之处,但是通过 IT 程度的提升,借助量化手段,建立健全指数投资流水线,可以进一步提高管理效率,并减少潜在的操作风险。笔者认为纯被动投资可以进一步优化这一条流水线。

如图 7-1 中所展示的那样,指数投资流水线分为事前、事中、事后三个环节,循环起来,形成流水线。事前要求根据选定好的指数基准,设定相关投资要素,包括复制方式、组合成分股管理方法、现金管理等。事中流程是在事前设定的基础上,紧密结合指数股本信息(根据指数公司每日发送的股本数据,包括历史数据的整理,通过 IT 手段,生成指数权重数据表序列,并存储到公司服务器)、成分股数据(如成分股调整、停牌、分红、增发、配股、股东投票等数据)、行情等数据,以及其他事件信息(如申购赎回、风险提示等),进行指数投资组合的日常管理。事后流程是对投资组合的分析,包括业绩表现和跟踪误差分析,再结合指数结构和可投资性,形成市场策略报告,以供销售人员和投资者参考。

事后的分析有助于回溯发现整个投资流水线中的不完善的地方,帮助改进事前和事中等流水线环节,从而通过迭代来逐渐优化流水线。

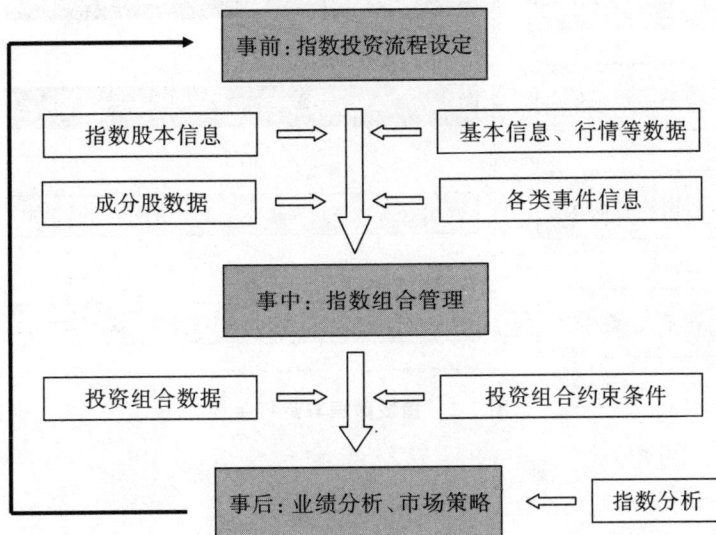

**图 7-1　指数投资的流水线**

　　投资流水线的背后,必须有一套数据和平台做保障。数据和运行平台是指数和量化投资的武器库,没有武器谈何战斗?同时这部分也是物力和人力投入较大的部分,不仅仅是把数据库买回来,还要进行大量的数据验证和比对,进行大量二次数据的加工和及时更新,以及投资模型的准确计算,并与投资对接。它包括四个模块:(1)底层数据。常见的数据库包括 Wind、朝阳永续、聚源、自有数据等,将这些数据容纳到底层数据中。(2)数据整合模块。通过将各类数据(符合需求的)整合到一起,通过清洗、筛选、加工,形成直接可用的整合型数据模块。(3)模型运行模块。围绕指数和量化投资相关的投资流程,在可靠性数据基础上实现相关流程的模型化运行。(4)结果呈现模块。将运行结果通过可视化方式呈现,并与投资行为形成高效对接,直接指导投资管理。图 7-2 展示了指数数据与运行平台。

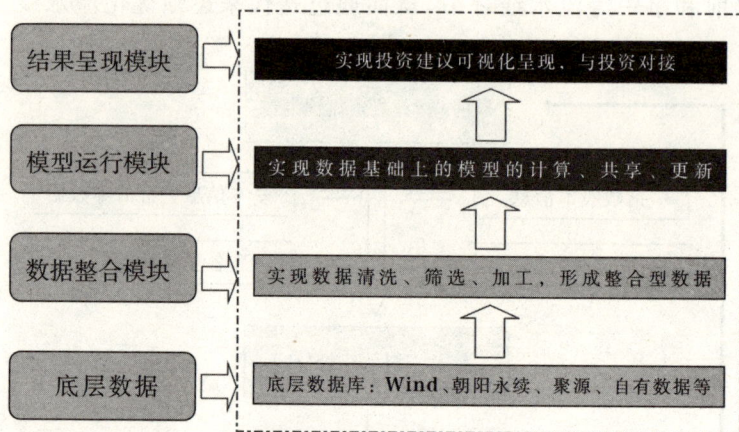

**图 7-2　指数数据与运行平台**

# (三)团队创新

人才是所有智慧型企业的核心资源,基金管理公司作为典型的智慧型企业,都会特别重视人才管理。但对于指数投资而言,独立的人才并不构成强大的战斗力,团队才是指数投资的必要条件,做好团队的分工、共享、情绪管理、部门间合作是指数投资持久稳健发展的"串起来的面"。

## 1.独立的团队

（1）设立独立团队的原因

确定指数投资的战略意义之后，须设立指数与量化投资部（指数与量化越来越紧密地联系在一起），或者是独立的事业部，来负责指数类相关基金产品的投资和研究，原因在于：

①从战略意义上看，指数与量化投资如果是作为一个公司的战略发展方向，就需要专门的部门和团队，全心全意地投入其中；

②从精细化分工的角度看，基金公司越是发展，其内部分工越是精细化，指数与量化投资作为行业内脱颖而出的一个细分方向，也需要从支持功能和辅助功能中解脱出来，明确业务精细化、投资专业化的原则；

③从投资理念的角度看，指数、量化理念与传统投资理念存在本质的区别，除了在投资上存在反向之处，其中最重要的一点在于量化投资要求高度的保密性，这一点在基本面投资者看来可能不重要，但却是指数与量化投资的核心，保密性在海内外投资中都是极其关键的一点；

④从国内同行来看，量化投资部门和团队的独立设置，已经成为领先者的必然选择。

因此，指数与量化投资部门和团队需要独立性，这在海内外均已经形成了必然趋势，这里不再赘述了。

（2）工作内容与职责

团队的工作内容与职责包括以下这些。

①核心工作：指数投资。做好传统非增强指数基金的管理工作，努力提升增强型指数基金的增强业绩和稳定性。

②量化投资研究。这是指数投资和量化投资的基础和支持，要拓展和细化相关的研究，为指数与量化投资的不断拓展和创新提供原动力。

③风险控制。做好投资中的风险控制,以维护投资工作的合规性、稳定性和长期性。

④市场推介与客户拓展。尽管大多数人认为这项工作是市场部门的工作,但是鉴于指数与量化投资的专业性和个性化,需要本团队的资深人士亲自进行市场宣传和推广,并进行客户的维护和拓展,但这仍不同于市场部门的工作,或者说不能替代市场部门的工作,本团队的市场工作主要针对其中的投资专业性。

⑤战略展望与创新。如何将研究成果结合市场需求与趋势转化为合适的基金产品,需要团队对未来的产品体系有一个严谨的框架和规划,比如从传统指数基金到增强指数基金,从相对收益到绝对收益,从做多(long-only)到多空组合(long-short)等。

## 2.内部分工

优秀的团队需要有明确的内部分工,需要有三类人才:(1)团队领袖人物,把握全局,管理好团队使其严谨有序运作,并维持团队的稳定前进;(2)中流砥柱:投研人才,具备良好的量化积累,能够在领袖人物的指导下,高效率完成相关的投资和研究工作,以及交流和衔接任务;(3)基石:IT数据人才,具备高超的IT、数据库管理和数据运算能力,踏踏实实,稳健可靠,保证团队的数据运作和数据需求的及时性、可靠性。同时,在领袖人物或中流砥柱中需要一个擅长指数与量化的市场化宣传推广的人物。图7-3展示了团队内部分工。基金管理是一项开放性的工作,保持交流与沟通,路演与反路演是开放的基本体现,也对信息掌握和市场品牌的建立具有重要意义。

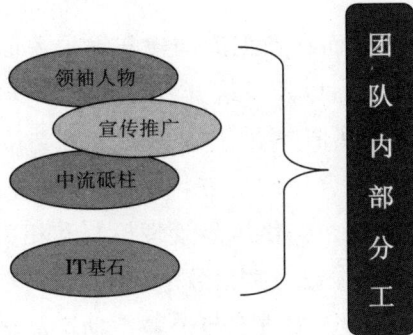

图 7-3　团队内部分工

## 3.部门间合作

指数与量化投资具有复杂性和可拓展性,需要其他部门辅助的同时,也能够为其他业务提供支持,主要体现在(见图 7-4):

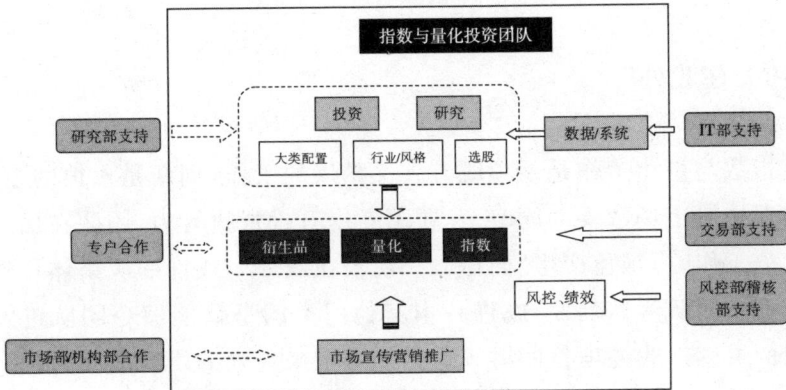

图 7-4　部门间合作

①研究部支持。在信息与数据来源上,一部分需要研究部人员的提供和更新,而在行业和个股信息上,也需要行业研究员给予跟踪反

馈，提示机会与风险。

②IT 部支持。一方面在数据库构建与维护方面给予支持，另一方面，在系统与软硬件管理，以及系统开发方面给予支持。

③交易部支持。除了日常传统方式的交易支持外，在算法交易等领域，两个部门存在许多合作的地方，如算法研发等。

④风控/稽核部支持。提供风险管理机制和相关监察稽核支持。

⑤专户合作。绝对收益与类指数产品未来在专户上的发展潜力巨大，传统专户产品仍然未从本质上与公募主动产品区分开来，而依赖衍生品或双向交易机制的对冲或中性策略产品能够提供绝对收益产品，同时一些交易型的产品也能够提供类绝对收益。另外，专户客户也渐渐产生对特色指数化产品的需求。而指数与量化投资团队恰恰是这两类产品的最佳供应者。

⑥市场部/机构部合作。指数投资绝不仅仅是做好投资这一件事，做好市场也十分重要，甚至更重要，因此，与市场部和机构部的合作是指数业务做出品牌、做大规模的必要条件之一。

**4."功夫在戏外"**

指数与量化工作是一项既有趣又枯燥的工作，创新是永恒的主题，而在保持对市场敬畏的同时，又要不断提升投资执行力，团队在面对这些本分工作时，难免产生"回撤"。"功夫在戏外"，或许一次集体户外冒险能够令团队激情勃发，或许一本其他门类的书籍能够令团队迸发泉涌般的灵感。戏外项目的融入也许能够带来更强的团队战斗力。

# (四)多 alpha 点投资创新

最近看到一篇文章,说的是,近年来富达基金开始在一些股票基金上尝试新的小组管理模式,不同于传统的单基金经理管理模式,管理小组通常由 6 名以上的成员组成,各个成员分别独立管理一部分资产。在过去的 10 年中,美洲基金通过运用这种小组管理模式取得了巨大成功。

这种模式让笔者联想到 MOM 模式,也就是 Manager of Managers(管理人中的管理人基金),MOM 模式的核心是如何选择管理人,并将基金分成多个子账户,分别委托给合适的管理人进行投资。

多 alpha 点投资模式有类似之处,是在团队内部选择投资人,将基金投资分为多个环节,每个环节的投资建议由内部合适人选提出,并分别采纳他们的观点,在风险管理和组合管理框架下,形成投资组合。

## 1.多 alpha 点模式的基础——精英团队

团队精神被誉为机构投资的首要条件,而精英团队的首要条件是团队的多数人都要是精英,大而精、小而精都可以,精即是 alpha,alpha 的大小和多少决定精的程度,并且决定团队的投资模式。

多 alpha 点投资创新,是将团队精英中最优秀的 alpha 点,通过标准化、可量化的投资流程,融合到特定目标的产品中,发挥出 N×1 大于 N 的业绩水平来。创新之处包括:(1)可用的精英团队是基础;(2)任何稳定持续的 alpha 点都可以加入进来;(3)alpha 能力必须量化识别,客观可信;(4)投资流程标准化;(5)投资绩效正向反馈机制。

　　尽管 alpha 能力点几乎可以任意组合，形成个性化甚至定制化的投资策略，但任何团队总有变动的时间段，原有的 alpha 点可能会消失，所以要建立 alpha 点备份机制。

## 2.alpha 点的识别

　　第一，alpha 的识别对象包括，研究员、基金经理、投资经理甚至卖方分析师。

　　第二，如何考察对象的 alpha 能力大小，以及稳定性，不能单靠说，或者主观感觉，必须通过历史数据，分析其投研风格、alpha 点能力。每个人通常都有其最擅长的几个优秀点，同时也有最不擅长的点，剩下的一般是平凡点。识别的意义就在于扬长避短，找出 alpha 点，为投资所用。图 7-5 是识别模型中的 alpha 点分布：

　　可以通过分解模型，准确地分解出各个 alpha 的大小，并通过波动模型判断其稳定性，以及风险，包括总体风险、上方风险和下方风险。

　　图 7-6 和图 7-7 展示了一个组合的图：总体 alpha 能力和细分 alpha 能力分布图。

　　从总体图上看，该组合具有总的 alpha 能力，但主要 alpha 来源是选股，且选股 alpha 远高于其他，并且稳定性较好，是一个典型的选股型管理人。

　　细分图中，alpha 最佳点包括汽车选股、农林牧渔选股、食品饮料选股、机械选股，alpha 最差点包括建筑建材选股、建筑建材配置、大金融配置，前者是我们多 alpha 点投资最需要的，而后者是要规避的。

　　依靠以上的模式，可以对团队内每个对象的 alpha 点进行清晰的识别，从而为团队管理和资产管理提供明确客观的依据：

　　①发挥对象的优势 alpha 点，规避弱势 alpha 点；

分解原则

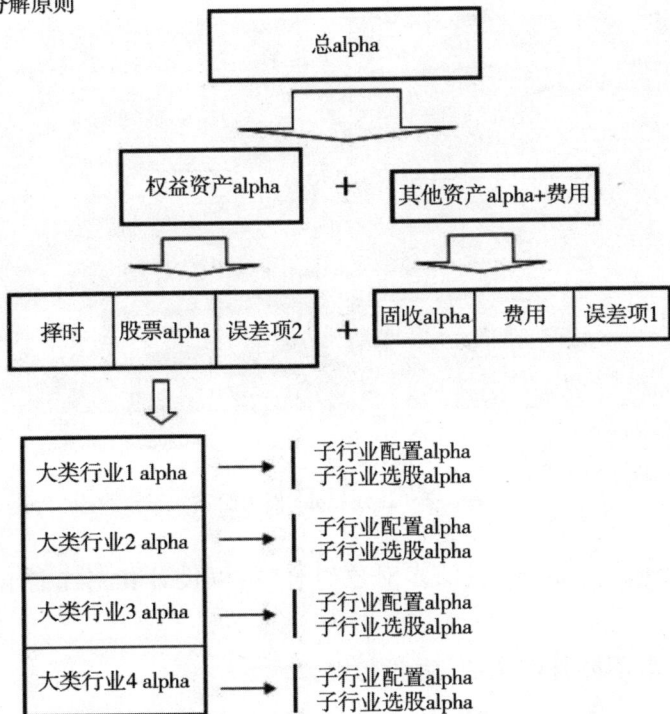

图 7-5 alpha 能力的分解环节,也可以按照其他方法分解

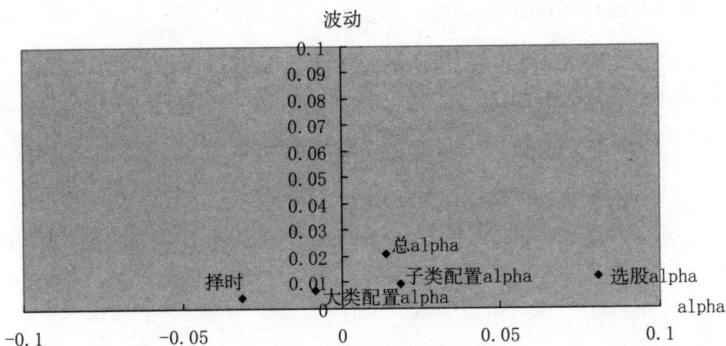

图 7-6 总体 alpha 能力分布

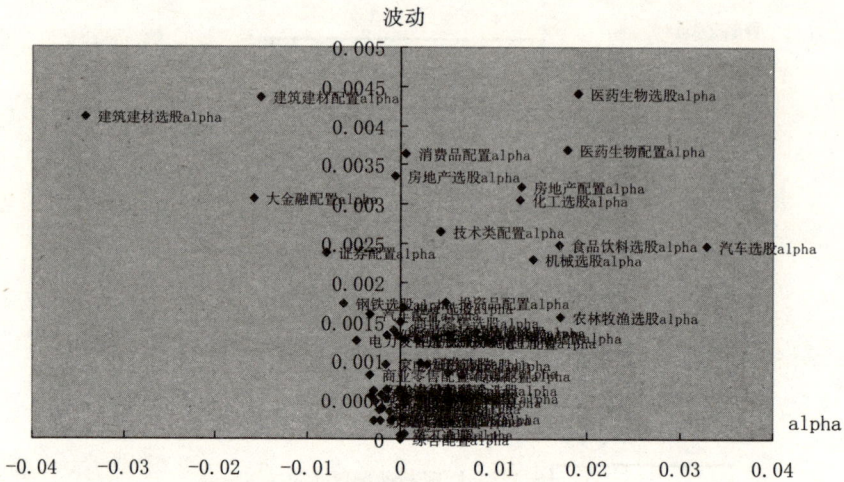

图 7-7　细分 **alpha** 能力分布

②根据优势 alpha 点的多对象组合,可以设计相对个性化的投资组合;

③汲取团队外部资源,为我所用。

## 3.多 alpha 点投资流程

多 alpha 点投资模式对于指数投资而言,具有重要借鉴意义,在指数化投资理念和风险管理约束下,该模式能够为指数增强投资提供新的方向。

多 alpha 点投资流程(见图 7-8)包括四块:识别、输入、输出、循环检验。

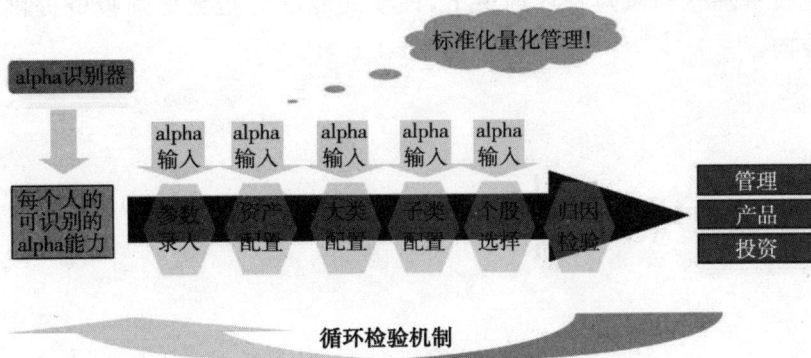

图 7-8　多 alpha 点投资流程

　　这个平台必须是一个摸得着、看得见的平台，而不是虚拟、断篇、各自为政的平台。要具备标准、共享、延伸等特性。

　　①要摸得着、看得见，必须建立完善的 IT 系统平台；

　　②标准，才能保证执行力，才能保证产品业绩和用户体验度；

　　③循环检验机制比较难落实，但却非常重要。

## 4.多 alpha 点投资的优势

　　多 alpha 点投资的优势体现在：

　　①基本面＋标准化量化生产线，依赖于团队和平台，稳定性和持续性强，投资理念和投资业绩让客户清清楚楚、明明白白；

　　②不断完善并趋于客观的 alpha 识别模式；

　　③具有较强的容纳性，适合大资金，当然也适合小资金；

　　④产品孵化器，直接生成主动股票产品、指数或增强产品、对冲产品等，但对于不同目标的产品，孵化的方法具有本质区别。

　　多 alpha 点投资模式对于指数投资而言，具有重要借鉴意义，在指数化投资理念和风险管理约束下，该模式能够为指数增强投资提供新的方向。

# （五）smart beta 起航

## 1.对 smart beta 的一些简单认识

（1）什么是 smart beta

smart beta 通常被称为聪明的贝塔，也被叫做"intelligent beta"，"advanced beta"，甚至"custom index"，从字面上看，这种命名主要是区别于传统的 beta。最传统的 beta 莫过于国内的上证指数，美国的标普 500 指数，这类指数都是采取简易选样方法和市值加权计算方法来编制的，在前文中，我们分析了这种传统 beta 的不够"smart"，而 smart beta 区别于传统 beta 主要在于两点：一是权重计算方法的多样化、灵活化，二是选样方法的创新和细分，从而使得指数不仅在生产过程中显得"smart"，也使得其在指数表现和风险收益上显得"smart"。

（2）beta 的演变及 smart beta 的分类

从传统角度看，资产收益率可以通过如下公式进行分解：$R = \alpha + \beta \times R_m + \varepsilon$，其中 $R$ 为资产收益率，$R_m$ 为市场收益率，$\varepsilon$ 为误差项，通过计算可以分解出 $\alpha$ 和 $\beta$。但这仅限于在上世纪 80 年代的认知，随着投资者对 beta 理解的不断深入和细分，到了 90 年代，beta 已经细分到风格、地区、国家、行业等方向，而到了 2000 年之后，又细分出策略型 beta,这种策略型 beta 不仅是根据某种特定策略去编制指数,甚至是将 alpha 思路融入 beta 中来(见图 7-9)。

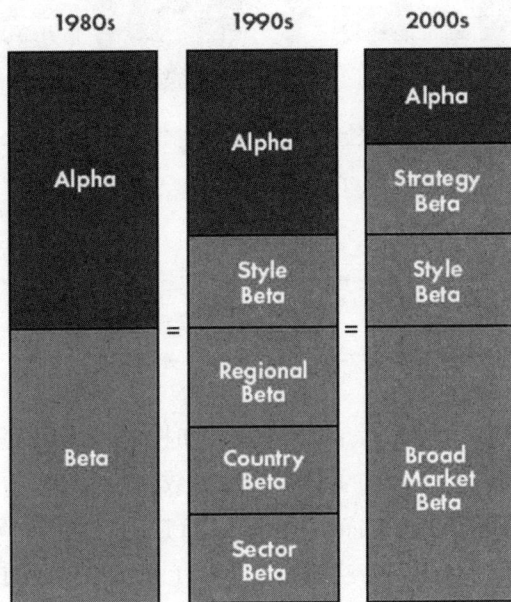

**图 7-9　beta 的演变历程**

数据来源:数据来源:MSCI

关于 smart beta 的类别,我们在第一章的指数加权方式的革新中已经有了较多的描述,主要是从加权方式角度,包括基本面加权、等权重、GDP 加权、波动率加权等形式,但实际上还包括许多其他的类别,我们简单地进行了分类整理(见图 7-10)。

其中的大数据指数最近较为流行,大数据指数是指利用数据挖掘技术,通过对新闻、网站、电商等海量数据的分析,加以选股策略和权重计算,得到相应的指数,我们认为这也是一种 smart beta,目前主要有中证百度百发策略 100 指数、中证淘金大数据 100 指数、大数据 100 指数等,并均已经开发成了指数基金产品。

中证百度百发策略 100 指数的核心编制方法如下:对样本空间的

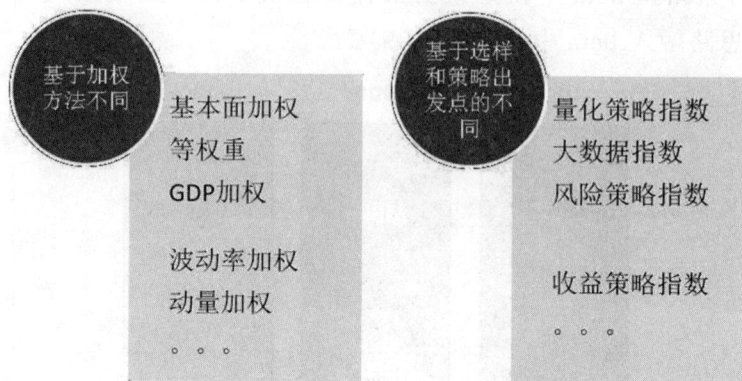

图 7-10　smart beta 分类

股票,按其综合财务因子、综合动量因子和搜索因子计算的综合评分降序排列,选取排名前 100 名的股票作为指数成分股:

- 综合财务因子:选取净资产收益率(ROE)、资产收益率(ROA)、每股收益增长率(EPS)、流动负债比率、EV/EBITDA、净利润同比增长率、股权集中度、自由流通市值共 8 个财务因子,采用因子分析模型,计算每期个股的综合得分,记为综合财务因子。
- 综合动量因子:计算最近一个月的个股价格收益率和波动率,得到风险调整后的动量指标,按照大小从高往低排,取前 30% 记为动量因子,后 30% 记为反转因子,中间 40% 部分记为稳定因子,根据量化模型计算的评分记为综合动量因子。
- 搜索因子:对样本空间的股票分别计算最近一个月的搜索总量和搜索增量,分别记为总量因子和增量因子;对搜索总量因子和增量因子构建因子分析模型,计算每期个股的综合得分,记为搜索因子。
- 综合评分:对综合财务因子、综合动量因子和搜索因子,采用 Enter 回归等算法计算个股内在价值,选取排序最大的 100 只股票作为成分股。

（3）smart beta 与多因子模型的区别

smart beta 与多因子的区别主要有：①视角不同，前者站在标准化产品的角度，提供产品和配置工具，强调标准化和产品属性，而多因子模型则站在投资的角度试图获取超额收益，强调主动性和投资属性。②收益定位的差异，前者为被动的 beta 投资，是被动投资范式的扩展；后者试图通过数据挖掘的方式寻找 alpha，依然归属于主动投资。

（4）smart beta 比传统 beta 好吗

我们从三个角度来实例分析这个问题：一是从改善整体资产组合的配置效果的角度，二是长期风险收益数据，三是从投资工具化的角度看 smart beta 的创新。

根据传统投资理念，承担更多的风险（通常以波动率衡量）应该获得更高的回报，而在实际市场中，低波动率却长期获得了比更高波动率更高的回报，与有效前沿边界完全不符。Northern Trust 将 MSCI 全球指数成分股按波动率从低至高分成五等份，再计算年化收益回报，结果显示，低波动率组获得了显著高于其他分组的回报率，其中最低波动率组合相对最高波动率组合的年化收益率高出 6％，这种现象被称为低波动率之惑（见图 7-11）。这个例子从一个方面说明了，smart beta 已经在局部颠覆了传统投资理念，它的加入有助于改善有效边界，从而有望改善资产组合的配置效果。

根据道富的数据显示，其基于 MSCI 全球指数开发的系列 smart beta 长期表现优于基准指数，具体请见下表 7-1：其价值、规模、波动、质量、趋势等 beta 收益均跑赢 MSCI 全球指数，尽管局部波动率稍高，但风险调整后的夏普比率更优。

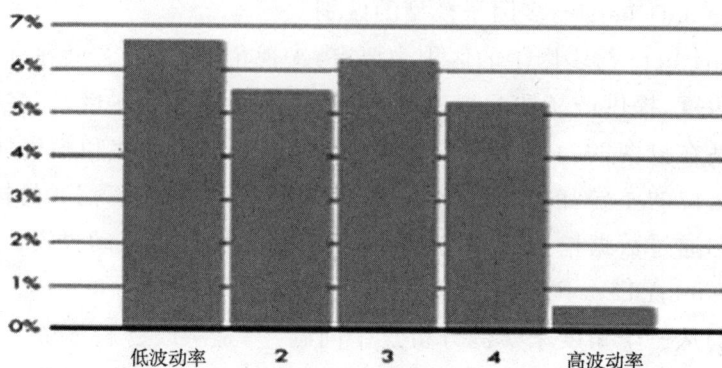

**图 7-11 不同波动率分组的年化收益率——低波动高收益**

**(1996 年 12 月至 2012 年 6 月)**

*数据来源：Northern Trust Research，Barra*

表 7-1 SSgA(道富)smart beta 相对于 MSCI 全球指数的收益风险

|  | 全球价值 beta | 全球规模 beta | 全球波动 beta | 全球质量 beta | 全球趋势 beta | MSCI 全球指数 |
|---|---|---|---|---|---|---|
| 收益率(%) | 9.41 | 8.39 | 9.07 | 8.85 | 9.12 | 7.93 |
| 波动率(%) | 16.02 | 13.21 | 15.52 | 14.89 | 14.06 | 15.23 |
| 夏普比率 | 0.59 | 0.64 | 0.58 | 0.59 | 0.65 | 0.52 |
| 超额收益(%) | 1.48 | 0.46 | 1.13 | 0.91 | 1.19 | — |
| 跟踪误差(%) | 3.46 | 3.5 | 2.92 | 4.49 | 2.41 | — |
| 信息比率 | 0.43 | 0.13 | 0.39 | 0.2 | 0.49 | — |

*数据来源：SSgA, MSCI, 1993 年 4 月至 2013 年 12 月年化计算。*

另外，从智慧树基金提供的旗下 smart beta 产品数据也可以看出，其多数 smart beta 产品在长期中能够获得比比较基准更优的表现。

表 7-2　WisdomTree(智慧树基金)旗下 smart beta 基金长期表现

| | 成立日期 | 5年期收益率 | 成立以来收益率 | 波动率 | 夏普比率 | Beta | 跟踪误差 |
|---|---|---|---|---|---|---|---|
| WisdomTree Dividend Index | 6/1/2006 | 20.09% | 7.82% | 15.82% | 0.42 | 0.92 | 4.68% |
| Russell 3000 Index | | 19.33% | 8.02% | 16.50% | 0.41 | 1 | 0.00% |
| WisdomTree LargeCap Dividend Index | 6/1/2006 | 19.26% | 7.48% | 15.35% | 0.41 | 0.93 | 4.24% |
| S&P 500 Index | | 18.83% | 7.79% | 15.93% | 0.41 | 1 | 0.00% |
| WisdomTree MidCap Dividend Index | 6/1/2006 | 24.80% | 9.33% | 19.32% | 0.42 | 0.96 | 6.64% |
| S&P MidCap 400 Index | | 21.67% | 9.66% | 18.93% | 0.45 | 1 | 0.00% |
| WisdomTree SmallCap Dividend Index | 6/1/2006 | 22.75% | 7.99% | 21.40% | 0.32 | 0.97 | 7.92% |
| Russell 2000 Index | | 20.21% | 7.90% | 20.61% | 0.32 | 1 | 0.00% |
| WisdomTree Earnings Index | 2/1/2007 | 19.60% | 7.30% | 16.74% | 0.38 | 0.97 | 1.96% |
| Russell 3000 Index | | 19.33% | 6.81% | 17.17% | 0.35 | 1 | 0.00% |
| WisdomTree Earnings 500 Index | 2/1/2007 | 18.94% | 6.88% | 16.24% | 0.37 | 0.97 | 1.67% |
| S&P 500 Index | | 18.83% | 6.55% | 16.58% | 0.34 | 1 | 0.00% |
| WisdomTree MidCap Earnings Index | 2/1/2007 | 24.83% | 10.79% | 20.76% | 0.48 | 1.04 | 4.30% |
| S&P MidCap 400 Index | | 21.67% | 9.21% | 19.63% | 0.42 | 1 | 0.00% |
| WisdomTree SmallCap Earnings Index | 2/1/2007 | 22.77% | 8.87% | 23.52% | 0.34 | 1.06 | 6.55% |
| Russell 2000 Index | | 20.21% | 7.00% | 21.37% | 0.29 | 1 | 0.00% |
| WisdomTree DEFA Index | 6/1/2006 | 12.24% | 4.99% | 19.80% | 0.19 | 1.01 | 2.11% |
| MSCI EAFE Index | | 11.77% | 3.87% | 19.53% | 0.14 | 1 | 0.00% |
| WisdomTree International SmallCap Dividend Index | 6/1/2006 | 16.50% | 6.81% | 20.20% | 0.28 | 0.95 | 3.20% |
| MSCI EAFE Small Cap Index | | 15.21% | 5.32% | 20.92% | 0.2 | 1 | 0.00% |
| WisdomTree Emerging Markets Dividend Index | 6/1/2007 | 10.33% | 4.78% | 23.63% | 0.17 | 0.91 | 3.86% |
| MSCI Emerging Markets Index | | 9.24% | 2.91% | 25.88% | 0.09 | 1 | 0.00% |

续表

| | 成立日期 | 5 年期收益率 | 成立以来收益率 | 波动率 | 夏普比率 | Beta | 跟踪误差 |
|---|---|---|---|---|---|---|---|
| WisdomTree Emerging Markets Small-Cap Dividend Index | 8/1/2007 | 12.76% | 4.72% | 24.82% | 0.17 | 0.86 | 6.03% |
| MSCI Emerging Markets Small Cap Index | | 11.48% | 1.64% | 28.34% | 0.04 | 1 | 0.00% |

数据来源:WisdomTree,Zephyr Style Advisors,2014 年 6 月 30 日。

更为实际的是,smart beta 相对于传统 beta 提供了更加多元化、细分化,甚至定制化的被动型工具产品,引领和培育新的投资范式。

## 2.海外 smart beta 发展迅猛

(1)全球 smart beta 数量和规模增长迅速

smart beta 概念在海外已经存在了近十年,但近几年随着投资者对 alpha 和 beta 认知的不断深入,以及对组合配置的不断创新,smart beta 才逐渐被大众接受,并成为投资新热点。在美国市场 smart beta 产品通常是以 ETF 形式运作,根据晨星数据显示,截至 2014 年 6 月,美国有 367 只 smart beta ETF 上市交易,实施 smart beta 策略的资产规模高达 3 460 亿美元。

IndexUniverse 的统计则更加精细,基于非市值加权方式的 ETF 产品数量占比在 2000 年还不到 5%,而至 2011 年则接近 40%。每年新发指数中,非市值加权指数所占比例逐年升高,在 2011 年这一比例已经超过 60%。截至 2014 年 6 月,在美国 1 064 只股票 ETF 中,采用 smart beta 加权的 ETF 共有 456 只,占全部股票 ETF 的 42.85%。其中,采用分层加权、等权重、多因子加权、红利加权、基本面加权等 ETF 共有 351 只,占全部 smart beta 加权 ETF 的 76.9%。从 ETF 产品规模看,采用 smart beta 加权的 ETF 资产规模为 3 590 亿美元,占美国股票 ETF 的 23.85％。其中,多因子加权、红利加权、等权、价格加权、分层加权、波动率加权和基本面加权的产品规模较高。

（2）smart beta 即将在全球机构投资者中普及

smart beta 产品在过去的几年里逐渐被全球投资者接受,并灵活地运用到资产组合配置中,我们通过两个调查可以清楚地看到这些新变化,并且我们预测 smart beta 很快将在全球普及。

根据 2013 年 Northern Trust 对全球机构投资者的调查结果显示:

• 在过去 5 年里,由于主动投资面临的不可持续性及较高成本等诸多因素,更多的机构投资者的配置开始逐步转向被动投资（见图 7-12）。

### 主、被动配置比例变化（过去5年）

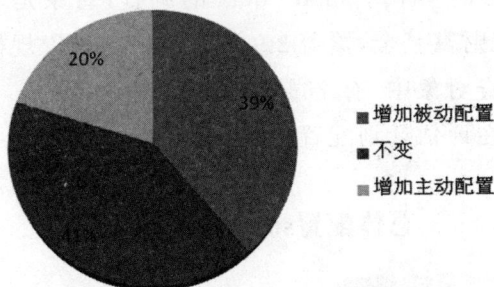

图 7-12　2013 年全球机构投资者主、被动配置比例变化

数据来源:Northern Trust

• 在被动投资内部,在过去 2 年里,64％的投资机构表示其资产配置比例转向了 smart beta 产品,另外有 7％的投资机构正在考虑增加相关配置（见图 7-13）。

• 被动投资方式开始逐步成为主流,而 smart beta 的被动式投资风格正在逐步被投资者接受并实际运用于资产配置。

### 过去两年对smart beta配置变化

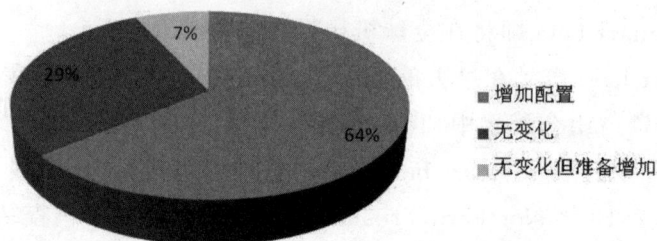

图 7-13　2013 年全球机构投资者对 smart beta 配置意愿变化

*数据来源：Northern Trust*

SWFI(The Sovereign Wealth Fund Institute，主权财富基金协会)2014 年 10 月也做了针对 smart beta 的调查，对象是 72 家公共机构，包括 16 家主权财富基金，覆盖 2.9 万亿美元的投资规模，结果发现：

- 所有调查对象中，有 76％的机构已经配置了 smart beta 产品，或者正在评估计划配置(见图 7-14)；

### 总体配置smart beta情况

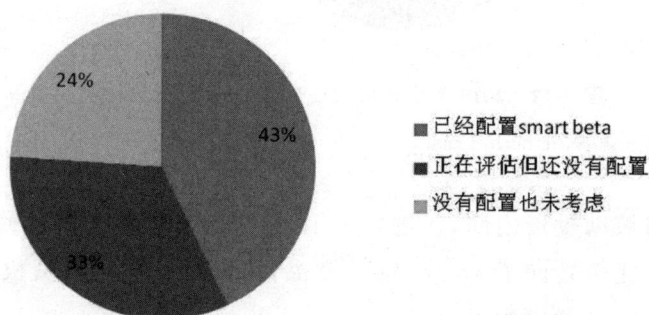

图 7-14　2014 年机构投资者对 smart beta 总体配置情况

*数据来源：SWFI*

- 主权财富基金中,有 62.5% 已经配置了或者正在评估计划配置 smart beta 产品(见图 7-15);

**主权财富基金配置smart beta情况**

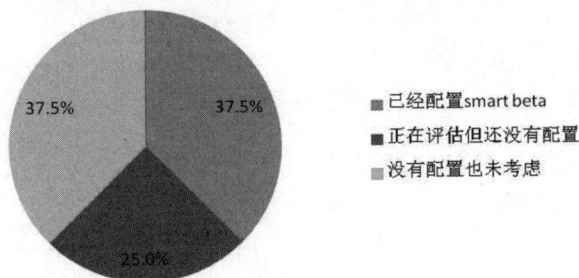

37.5%　37.5%　25.0%

- 已经配置smart beta
- 正在评估但还没有配置
- 没有配置也未考虑

**图 7-15　2014 年主权财富基金对 smart beta 配置情况**

*数据来源:SWFI*

- 具体策略上,投资者更加倾向于基本面指数和低波动率指数,占 比分别达到 57% 和 52%(见图 7-16)。

**投资者对细分smart beta的配置比例**

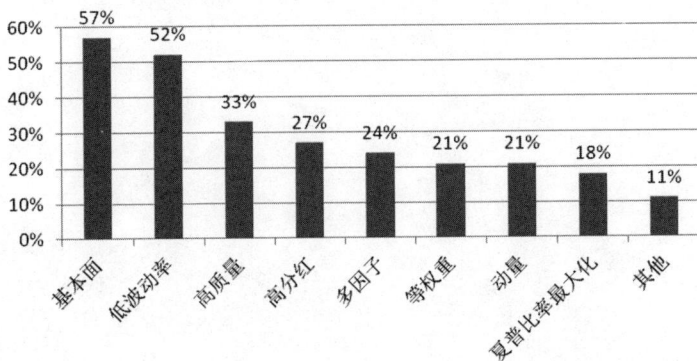

60% 57%
52%
50%
40% 33%
27%
30% 24%
21% 21%
20% 18%
11%
10%
0%

基本面　低波动率　高质量　高分红　多因子　等权重　动量　夏普比率最大化　其他

**图 7-16　2014 年构投资者对细分策略的 smart beta 配置比例**

*数据来源:SWFI*

　　"smart beta 策略正在滚雪球式地在全球公共投资机构中传播,尤其是在主权财富基金这样的顶尖大型机构中",SWFI 研究总监 Jess Delaney 说,"尽管欧美领衔,但调查显示,中东和亚洲也在进军这个领域,速度和广度均超大家的预期。"

第八章

## 指数投资实战

可能有些投资者有个误区，认为指数投资就是买入并持有，实际上并不能这么简单认为。随着全球经济的变幻，股票市场在不断演进，指数基金产品也在快速迭代和丰富，指数投资实战也随之升级。

本章分别思考，以定投指数为代表的长期投资、波段投资、在结构性分化市场中的指数投资，以及 Fund of Index Fund（指数基金的基金）。

## （一）长期投资

长期投资几乎成了价值投资和指数投资的代名词，投资者可以考虑以指数基金作为投资工具，进行长期投资。而长期定投其实更符合普通投资者的实际情况，这里，我们聊一聊长期定投，聊一聊中美定投的差异。

1.长期定期投资

巴菲特在 1993 年致股东的信中，也是他第一次公开推荐指数基金，就说道："通过定期投资指数基金，一个什么都不懂的投资者通常都能打败大部分的专业基金经理。"由此可见，定投的理念具有很长的历史了，在实践中也具有可操作性。

在国内，定投已经是投资者比较熟悉的词汇了，定投业务在一些基金产品和销售渠道中也取得了一定的业绩，并积累了数据、经验和模式。

下面，我们通过对定投的一些常见问题的探讨，加深对定投的理解：

1.定投适合哪些类型的投资者

定投,简单来说就是定期定额投资某基金产品,因此,资金来源具有固定、延续的资金流特点,典型的就是工资收入和租金收入。

①分散投资者,定投资金只占投资资金的一部分,或者是个人或家庭资产的一部分,要分散投资,而不是集中投资。

②长期投资者。

③对未来充满信心的投资者。

2.哪些基金适合定投

如果对于未来充满信心,那么代表市场和经济整体发展、清晰透明、分散化、低成本的指数基金,更适合定投。

3.长期定投收益是否和指数一致

不同于一次性投入,定投的资金是定时定量分批投入的,其收益率不是特别直观,如果以截止日定投市值相对于定投总投入的收益率来定义定投收益率的话,由于起点和此后指数走势的不同,长期定投收益率与指数收益率不一致,甚至差别较大(见图 8-1)。

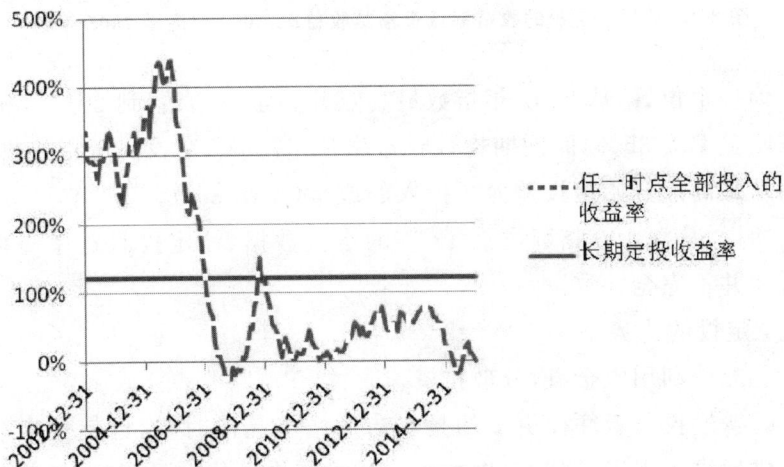

图 8-1 只有在低点一次性全部投入的收益率才高于长期定投收益率

以深 100 指数为例，假定从 2002 年底这个低位开始定投的话，到 2015 年底的定投收益率为 122％，而同期指数收益率是 335％，定投落后于指数收益，因为在 2002 年到 2005 年指数低位中，定投的投入资金占比是比较少的，只占总投入的 23％左右（见图 8-2）。

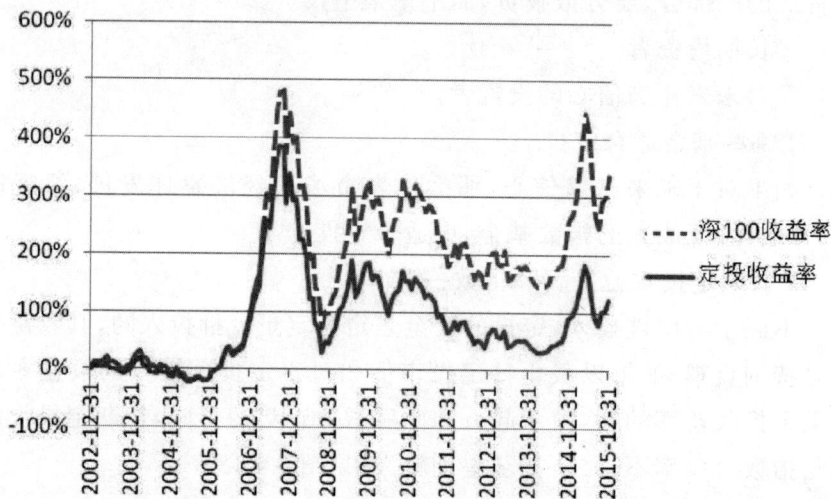

图 8-2 从低点定投的收益率低于指数收益率，2002 年底至 2005 年底

但换个位置，从 2007 年指数最高点开始定投的话，到 2015 年底的定投收益率为 35％，而同期指数收益率是－7.5％，定投高于指数收益，因为从最高点开始定投摊薄了投入的成本（见图 8-3）。

所以，从深 100 指数过去 13 年的定投数据看，定投收益率与指数收益率并不完全一致。

4.定投的优势

①充分利用资金流，分散投资。

②普通投资者往往更多的是在市场情绪高的时候，也就是指数涨得多之后进入市场，这对一次性买入的投资来说将会是噩梦，但若是定投的话，投资效果则会好很多。

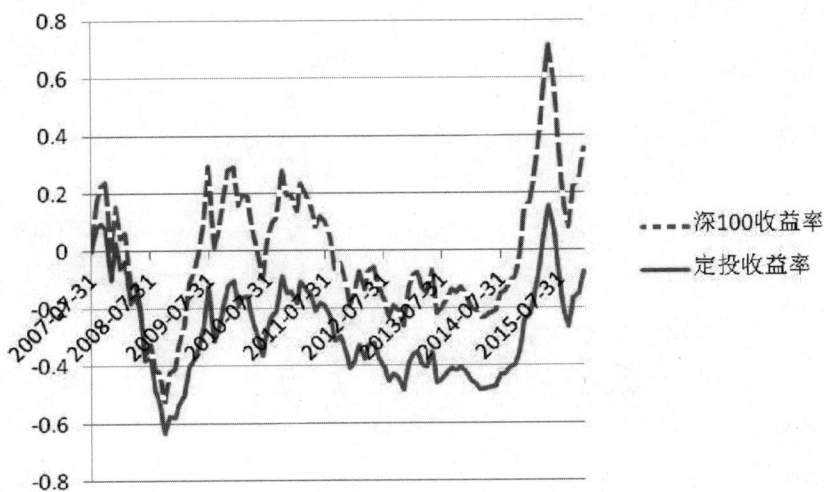

**图8-3 从高点定投的收益率高于指数收益率，2007年10月至2015年底**

5.坚持不下去的原因在哪

多数定投是在市场高点开始的，这通常是不错的选择，但中间可能要经历很长时间的损失，挫伤投资者信心，导致投资者停止定投。

假定2010年10月开始定投深100指数，尽管到2015年6月收益率77％，高于同期指数的27％，但从2010年10月到2014年11月，定投承受了49个月的负收益（见图8-4），期间最大亏损25％（同期指数最大亏损43％），这种长期亏损导致投资者丧失信心，停止定投。

6.定期投资在中美的差异

在美国，巴菲特先生敢于充满自信地向投资者推荐指数定投，在实际中也有大量的资金按照定投的思想投资，比如401k计划。按该计划，企业员工每月从工资中拿出一定比例的资金存入养老金账户，企业一般也为员工缴纳一定比例的费用，员工自主选择证券组合进行投资。美国投资公司协会（ICI）2015年12月发布的401k计划研究报告显示，指数基金普遍应用在401k计划中，占总规模的25％。

在前面，我们指出了中国指数定投存在的一些问题，导致中美差异

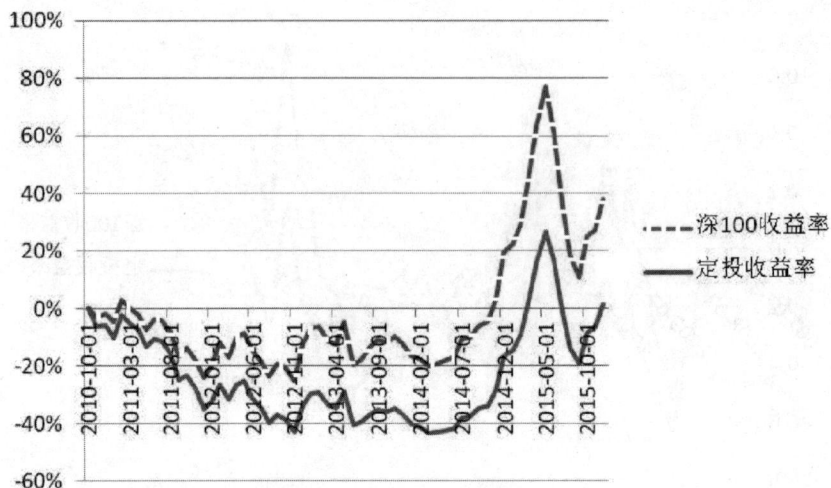

图 8-4　自 2010 年 10 月开始的定投要忍受 49 个月的负收益

的原因，我们认为是，A 股的波动率相对美股要高很多，并且市场下行的持续时间更长（见表 8-1），回撤也更大，因此，在中国做指数定投要多一份坚持和忍耐。

表 8-1　中美指数波动比较（1990 年 12 月—2016 年 1 月）

|  | 年化波动率 | 最大回撤 | 最长下行持续时间 |
|---|---|---|---|
| 上证指数 | 41％ | 78％ | 48 个月 |
| 标普 500 指数 | 18％ | 56％ | 30 个月 |

## （二）高波动市场中的波段投资

在高波动市场中做波段投资的思路和方法有很多，包括且不限于基于经济周期、流动性周期、通胀周期、技术分析、价值周期等多种策略。这里，我们以深 100 指数的长期估值周期为基础，设计一个波段投资策略。

衡量市场价格是否合理的指标之一就是估值,我们以市盈率(PE)来代表估值,深 100 指数成分股的 PE 自 2003 年初以来平均为 25,最低 12,最高 63,波动区间大且均值回复期长,具备波段投资的基础。

假定当指数市盈率低于 20 后,分 5 个月连续平均买入,持有到市盈率高于 30 后,分 5 个月平均卖出,买卖区间分别由图 8-5 方框和圆圈标出。

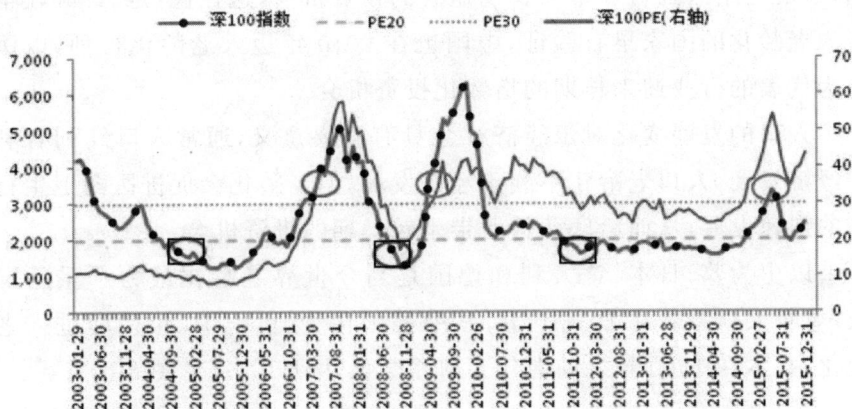

图 8-5　基于 PE 估值的波段投资(方框代表买入区间,圆圈代表卖出区间)

表 8-2　基于 PE 估值的波段投资收益

| 投资区间 | 持有时间 | 收益率 |
|---|---|---|
| 2004 年 8 月—2007 年 6 月 | 35 个月 | 227% |
| 2008 年 8 月—2009 年 8 月 | 23 个月 | 61% |
| 2011 年 9 月—2015 年 8 月 | 48 个月 | 53% |

注:历史表现不代表未来必然

从测试结果看,这种策略显然是左侧投资,自 2003 年以来,共 3 次波段投资机会,持有期较长,分别大约持有 3 年、2 年、4 年,中间也会经历一定的回撤,也须要投资耐心,但最终波段业绩均不错,分别取得了

227％、61％、53％的收益率,波段累计收益率也远高于指数的累计收益率。

### (三)结构性市场中的指数投资

结构性分化是近年来很多股票市场的共同特征,以人口老龄化为例,老龄化给医药行业带来长期显著的投资机会,这在德、意、日等较早步入老龄化的国家早有验证,中国也在 2010 年迈入老龄化行列,以医药为代表的行业迎来长期的指数化投资机会。

人口的发展变化对于经济社会具有重要意义,通常人口红利有利于经济发展,人口老龄化不利于经济发展,但老龄化会促进医药卫生行业的快速发展,从而给医药行业带来较长期的投资机会。

以史为鉴,日本、意大利和德国是当今世界老龄化最为严重的国家,老年人口系数在 20％上下,其中德国在 20 世纪 70 年代即进入老龄化,日本在 1990 年之前老年人口系数已达到 10％(见图 8-6)。

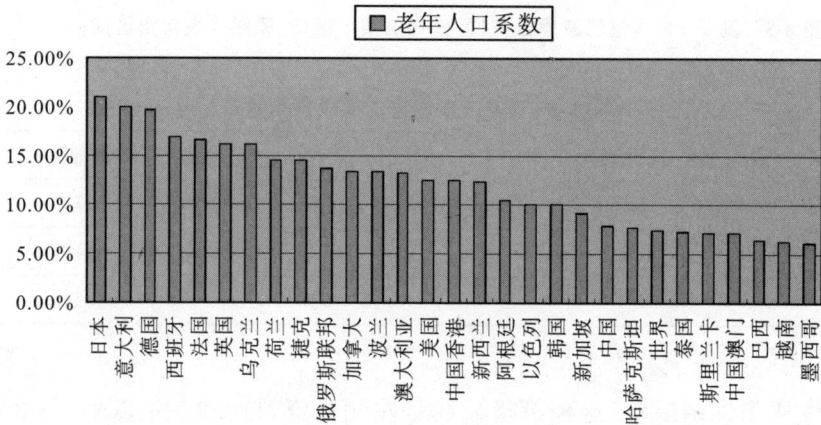

图 8-6　日、意、德严重老龄化

　　在这三个市场中,医药行业指数都表现优异,即使在日本失落二十年的股市中,医药指数还是获得了长期正收益,而相对于大盘指数,这些国家的医药指数更是轻松收获长期大幅的 alpha(见图 8-7,图 8-8、图 8-9)! 以史为鉴强烈验证了老龄化下的医药指数的投资机会。

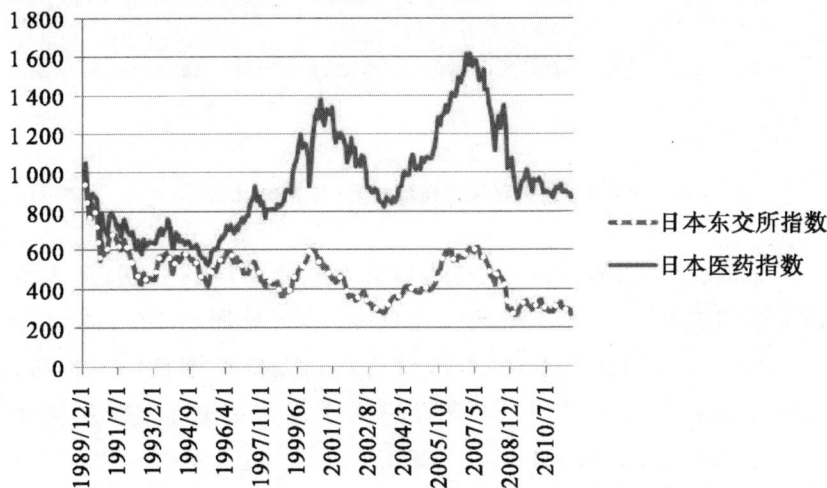

图 8-7　日本医药指数表现(与 TPX 比较)

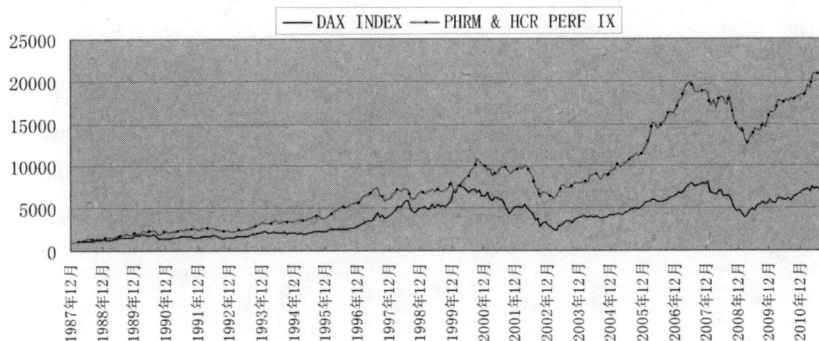

图 8-8　德国医药保健指数表现(与 DAX 比较)

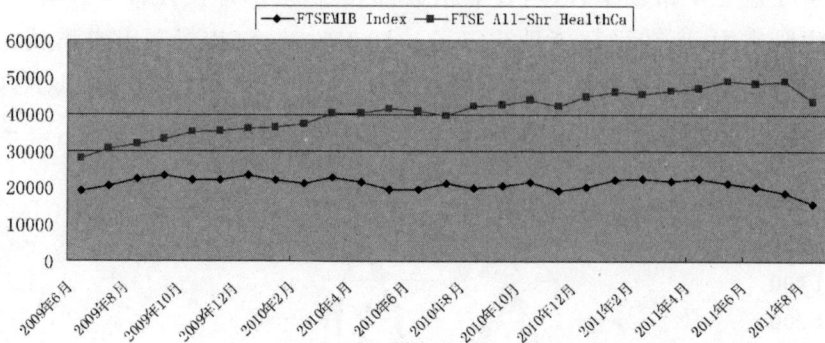

**图 8-9  意大利保健指数表现(与 MIB 比较)**

看完德意日,再看中国,我国人口处于扩张阶段的后期,即人口正增长率逐渐减速,人口增长率已经低于 5‰(见图 8-10),并预计于 2020—2030 年达到低位静止阶段,而后达到人口负增长的减退阶段。我国成年人口数量在 2010 年已经进入了高位静止状态,并预计在 2020 年之后减退(见图 8-11)。

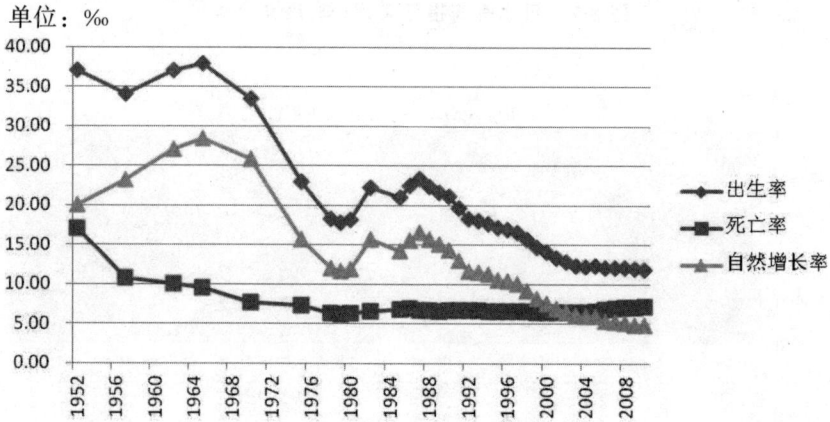

**图 8-10  中国人口增长情况**

单位：亿

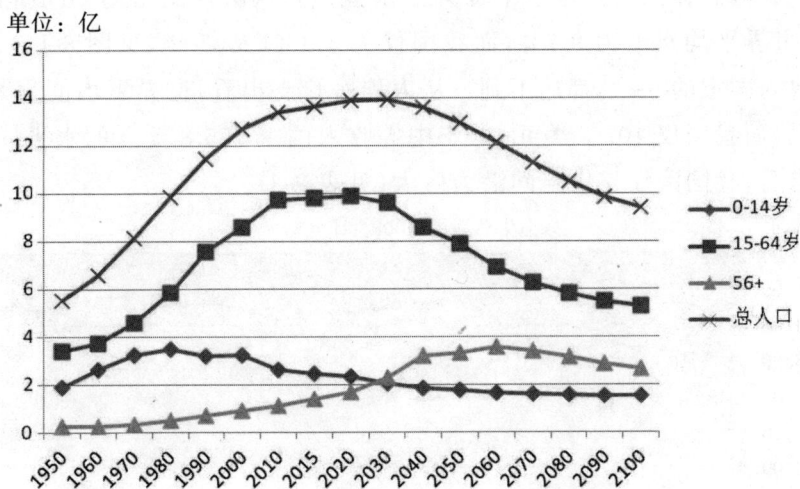

图 8-11　中国人口结构(包括联合国预测数据)

2010 年我国老年人口系数超过 8％,迈入了老龄化国家行列。并预计于 2025 年达到 14％,2040 年达到 25％的超老龄化水平(见图 8-12)。

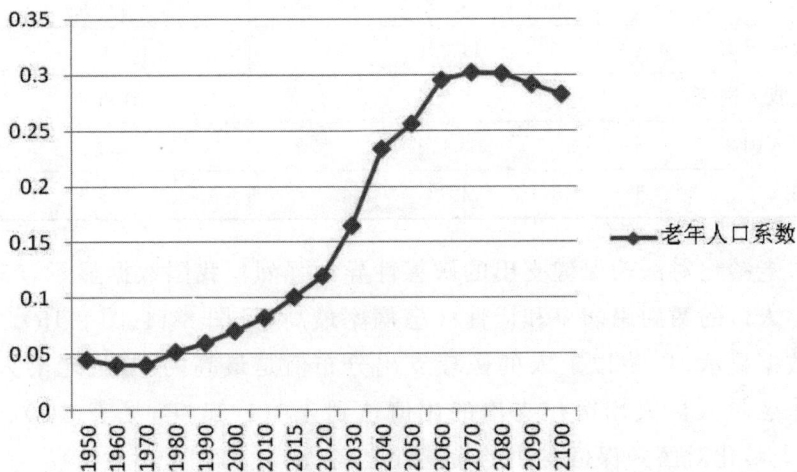

图 8-12　中国老年人口系数(包括联合国预测数据)

我国总体医药保健水平提升需求强烈！从医疗支出的 GDP 占比
看,世界平均水平为 9.7％,而我国仅为 4.3％(2007 年,见图 8-13),连
低收入国家的 5.1％都达不到。从人均医疗支出看,世界平均值为 809
美元,而我国仅 108.5 美元,低于中等收入国家 155.8 美元的水平。从
这点看,我国医疗支出空间潜力巨大(见表 8-3)。

卫生总费用与GDP占比（%）

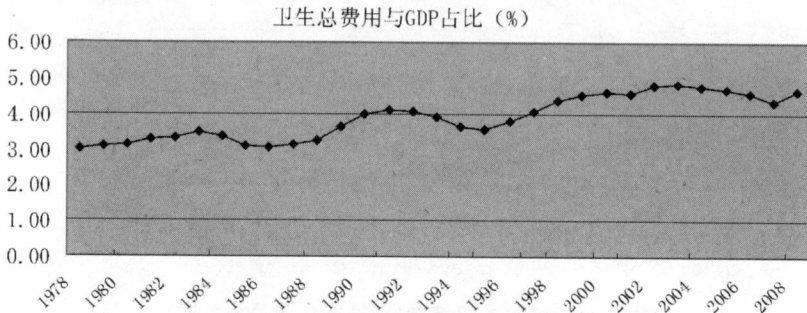

**图 8-13 我国卫生总费用与 GDP 占比**

**表 8-3 2007 年不同市场医疗支出水平**

|  | 医疗支出占国内生产总值的比重 | 人均医疗支出(美元) |
|---|---|---|
| 世界 | 9.7％ | 809.2 |
| 高收入国家 | 11.2％ | 4 266.3 |
| 中等收入国家 | 5.3％ | 155.8 |
| 低收入国家 | 5.1％ | 22 |
| 中国 | 4.3％ | 108.5 |

老龄化对医药保健支出的敏感性异常强烈！我国数据显示,65 岁
以上人口的两周患病率和慢性病患病率最高(见图 8-14、图 8-15)。欧
美数据显示,65 岁以上人的医疗支出分布值是最高的,并且老龄人口
与非老龄人口人均医疗支出的比值达到 4.6(1995 年,见表 8-4)。可
见,老龄化对医药保健支出的敏感性之高。

两周患病率（千分数）年龄分布

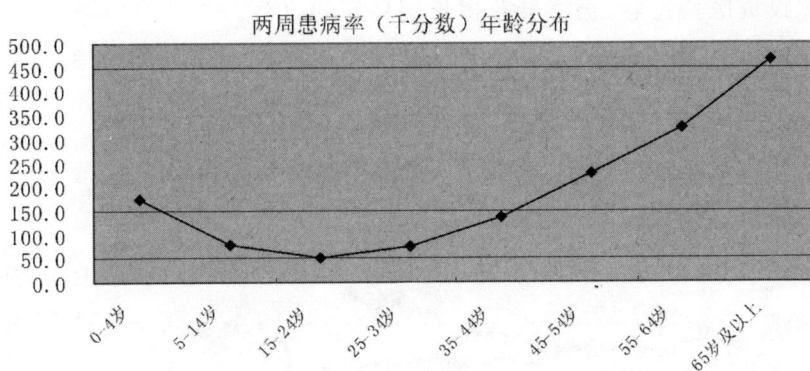

图 8-14 我国两周患病率年龄分布

慢性病患病率（千分数）年龄分布

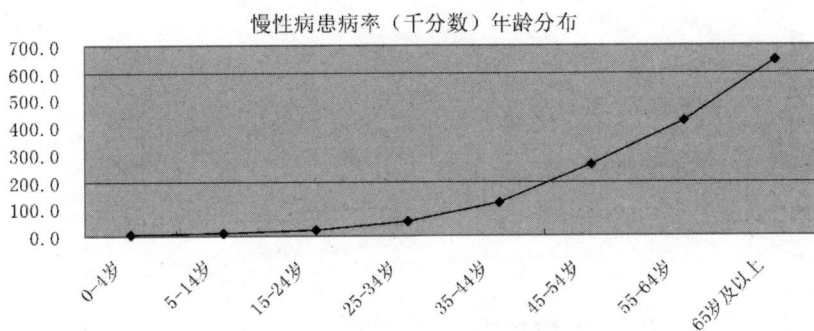

图 8-15 我国慢性病患病率年龄分布

表 8-4 欧美人均医疗费用开支

|  | 1966 年 | 1970 年 | 1977 年 | 1987 年 | 1995 年 |
|---|---|---|---|---|---|
| 所有人（美元） | 182 | 292 | 658 | 1 776 | 2 884 |
| 65 岁以下（美元） | 155 | 236 | 512 | 1 287 | 1 946 |
| 65 岁以上（美元） | 445 | 799 | 1 856 | 5 360 | 8 953 |
| 65 岁以上和以下比值 | 2.87 | 3.39 | 3.63 | 4.16 | 4.60 |

从 2010 年我国迈入老龄化，到 2015 年，我国医药行业指数已经迎来显著的超额收益（见图 8-16），随着老龄化形势的进一步加剧，未来指

数化投资医药行业,仍将会获得长期良好的收益。

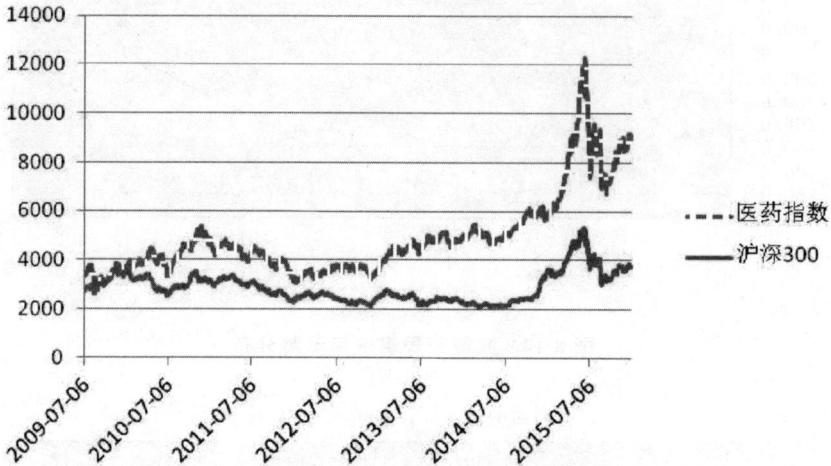

**图 8-16　2010 年我国迈入老龄化以来,医药指数的表现**

数据来源:wind 资讯(申万医药生物行业指数)

## (四)运用 FoF 进行指数投资

　　FoF,即基金的基金,指的是以基金为投资对象的基金,与股票基金的核心工作——选股类似,选基成为 FoF 的核心工作。以指数基金为投资对象,或者以指数化方法投资于基金,就是我们这里要讨论的话题。由于目前的公募基金领域,除了 ETF 联接基金和部分 QDII 基金接近于 FoF,主流的 FoF 还并未面世,所以我们仅仅做简单探讨,抛砖引玉。

　　运用 FoF 进行指数投资,可以分为两类,一类是指数化方法投资于基金,即按照某种方法,选择基金作为成分基金,并编制成指数,再以此基金指数为跟踪基准进行投资,可以称之为基金指数基金(Index

Fund of Fund),虽然有些拗口,但其实有点像股票指数基金,比较容易理解。比如,按照风格分类方法,将市场主流的主动基金,分为价值和成长两类,并按照流动性、业绩等指标筛选出成分基金,再编制成价值基金指数和成长基金指数,据此就可以指数化地投资于价值基金组合和成长基金组合。

另一类是投资于指数基金的基金(Fund of Index Fund),与传统FoF可以投资所有基金不同,其只投资于指数基金,有些生命周期基金可以归于此类。生命周期基金是一种按照投资者生命周期段的风险收益特征,自动调整资产配置比例的基金品种,其早期主要投资于高风险水平的权益类证券或股票基金,随着时间的推移,其投资于固定收益类资产的比例逐步增加,风险收益水平逐步降低。如果以指数基金作为其权益资产投资池,以债券指数基金作为固定收益资产投资池的话,这种生命周期基金就是指数基金的基金。

另外,运用指数基金的基金,还可以进行国际投资、风格投资、行业投资、波段投资、事件型投资、目标风险投资等。

## 第九章

**投资大师谈指数投资**

投资大师们并不常常谈指数投资，但并不妨碍大师们对指数投资的热爱：巴菲特先后十次推荐指数基金，并信心满满地为指数投资立下百万慈善赌局，指数投资的先驱约翰·博格也孜孜不倦地推广着指数投资。

## （一）巴菲特十次推荐指数基金

巴菲特作为价值投资的榜样和楷模，其长期投资业绩非常惊人，同样惊人的是巴菲特非常推崇指数投资，尤其是推崇约翰·博格的先锋指数基金，从 1993 年至今，巴菲特先后十次推荐指数基金。

第一次：1993 年，《致股东的信》

"当投资者对任何单一产业没有特别的熟悉，但对美国整体产业前景有信心，那么这类投资者应该分散持有多个股票，同时将投入的时点拉长，例如，通过定期投资指数基金，一个什么都不懂的投资者通常都能打败大部分的专业基金经理。"

第二次：1996 年，《致股东的信》

"如果让我提供一点心得给各位参考，我认为，大部分的投资者，不管是机构投资者还是个人投资者，投资股票最好的方式是直接去买手续费低廉的指数型基金，而且这样做的收益（在扣除相关费用后），应该可以轻易地击败市场上大部分的投资专家。"

第三次：1999 年巴菲特推荐书评

John Bogle（约翰·博格）是指数基金的创造者和布道者，他在 1999 年出版的《共同基金常识》一书中强烈推荐指数基金："要想获得最大可能的市场收益率，就必须降低买入和持有基金的成本，而投资者要做的，就是买入运行成本低、没有或很少有佣金的基金，尤其是低成本的指数基金，然后持有尽可能长的时间。"

巴菲特对这本书给予了很高的评价："令人信服，非常中肯而切中时弊，这是每个投资者必读的书籍。通过持续不断的改革，博格为投资者提供了更好的服务。"

第四次：2003 年，《致股东的信》

"那些收费非常低廉的指数基金（比如先锋基金旗下的指数基金），在产品设计上是非常适合投资者的，对于大多数想要投资股票的人来说，收费很低的指数基金是最理想的选择。"

第五次：2004 年，《致股东的信》

"过去 35 年来，美国企业创造了优异的业绩，按理说股票投资者也应该相应取得优异的收益，只要大家以分散且低成本的方式投资所有美国企业即可分享其优异业绩，通过投资指数基金就可以做到，但绝大多数投资者很少投资指数基金，结果他们投资股票的业绩大多只是平平而已，甚至亏得惨不忍睹。我认为主要有三个原因：第一，成本太高，投资者买入卖出过于频繁，或者费用支出过大；第二，投资决策是根据小道消息或市场潮流，而不是根据深思熟虑并且量化分析上市公司；第三，盲目地追涨杀跌，在错误的时间进入或退出股市，比如在上涨相当长时间后进入股市，或是在盘整或下跌相当长时间后退出股市。投资者必须谨记，过于兴奋与过高成本是他们的敌人，如果投资者一定要把握进出股市的时机，我的忠告是，当别人贪婪时恐惧，当别人恐惧时贪婪。"

第六次：2007 年，CNBC 电视采访

2007 年 5 月 7 日，沃伦·巴菲特在伯克希尔·哈撒韦公司年度股东大会之后接受 CNBC 电视采访时表示：对于绝大多数没有时间研究上市公司基本面的中小投资者来说，成本低廉的指数基金是他们投资股市的最佳选择。"我个人认为，个人投资者的最佳选择就是买入一只

低成本的指数基金,并在一段时间里持续定期买入。"他说:"如果你坚持长期持续定期买入指数基金,你可能不会买在最低点,但你同样也不会买在最高点。"

巴菲特说:"我个人认为,如果基金投资者的投资每年要被管理费等费用吃掉 2％,那么你的投资收益率要赶上或者超过指数型基金将会十分困难。中小投资者安静地坐下来,通过持有指数基金轻松进行投资,时间过得越久,自然财富积累得越来越多。"

第七次:2008 年,伯克希尔股东大会

2008 年 5 月 3 日,在伯克希尔股东大会上 Tim Ferriss 提问:"巴菲特先生,芒格先生,如果你只有 30 来岁,没有什么其他经济依靠,只能靠一份全日制的工作来谋生,因此根本无法每天进行投资,假设你已经有些储蓄足够你一年半的生活开支,那么你攒的第一个 100 万将会如何投资? 麻烦你告诉我们具体投资的资产种类和配置比例。"

巴菲特哈哈一笑回答:"我会把所有的钱都投资到一个低成本的跟踪标准普尔 500 指数的指数基金,然后继续努力工作……所有的钱都投资到像先锋 500 指数基金那样的低成本指数基金。"

第八次:2008 年,巴菲特百万美元大赌指数基金

美国《财富》杂志 2008 年 6 月 9 日报道,巴菲特个人和主要投资于对冲基金的普罗蒂杰公司(Protégé)立下一个"十年之赌",2008 年到 2017 年间长期投资一只标准普尔 500 指数基金的收益将会跑赢普罗蒂杰公司精心选择的 5 只对冲基金组合,双方各下注约 32 万美元,这笔资金已投资到零息国债上,预计赌约到期时将增值到 100 万美元,赌胜一方届时将把赢得的这 100 万美元捐赠给自己选择的慈善事业。

第九次:2014 年,《致股东的信》

巴菲特曾在他的遗嘱中留下受托管理人应当如何投资他为妻子所留遗产的建议。巴菲特在今年 3 月的致股东信中描述了这些建议:"我对信托公司的要求非常简单:持有 10％的现金购买短期政府债券,另外 90％配置在低费率的标普 500 指数基金上(个人推荐先锋集团的基

金)。我相信遵守这个策略,信托的长期业绩会战胜大多数聘请了高费率管理人的投资者——无论是养老金、机构还是个人。"

第十次:2015 年,《致股东的信》

2015 年 2 月 28 日,巴菲特公布了其写给伯克希尔·哈撒韦公司股东的第 50 封年度致股东信。他在信中以自己 50 年的投资经验为基础,再次建议个人投资者买入一些低成本的指数基金。他举了个例子:"你们回忆一下,6 年前(2009 年)有权威人士警告股价会下跌,建议你投资'安全'的国债或者银行存单。如果你真的听了这些劝告,那么现在只有微薄的回报,如果你当时买了一些低成本的指数基金,现在的回报能保证有不错的生活(注:标普 500 指数 6 年前约 700 点,现在约2 100点)"。

## (二)指数传奇:约翰·博格

约翰·博格是先锋基金的创始人,也是全球首只开放式指数基金的创立者,引领了指数投资的革命,经过 40 年的发展,先锋基金已经成为全球最大的基金公司之一,并专注于指数基金。博格热衷于打入到市场和投资者之中去,孜孜不倦的推广指数投资,其个人著作硕果累累,包括:《博格谈共同基金》《共同基金常识》《博格论投资》《为资本主义的灵魂而战》,在投资界一次又一次的引起强烈地震。

2014 年 12 月,约翰·博格接受了指数杂志的采访,采访内容作为指数化传奇系列之一刊登在该杂志上,我们节选并翻译了访谈的部分内容。

1.问:您认为投资者应该在哪些方面做出积极决策,如调整国际股票和美股的配置比例?

答:20 年来,我一直明确地表示国际投资具有魅力,我是不会阻止投资者投资国际股票的意愿的。

但是长期来看，国际股票与美国股票的收益并不会有太大不同，两者运行的方向是一致的，只是幅度不同。如果美国公民将其原先100％投资美国的比例降低到42％，去投资海外市场的话，这无疑是一个坏主意。

事实上，巴菲特最近为其妻子制定的信托计划的投资策略就是：90％投资于标普500指数基金，10％投资于美国短期国债，其中国际股票的配置比例为0。

2.问：请问您如何看待，投资者随着年龄的增长应该如何调整债券和权益资产的配置？有通用法则可循，还是要基于风险承受能力？

答：如果有通用法则可循的话，那就是捂紧你的钱袋子，但常识告诉我们，年纪越大，投资会愈加保守和防御。

在你年轻的时候，你积累的资金也较少，可以承受更多的风险，可以有很多年的时间来进行风险补偿，而不是那么在乎收益，但年老的时候，你更希望保护你的财富。

我的经验法则是，让你的债券仓位等于你的年龄，但首先你要明白社保也是债券仓位的一部分，在不做充分提示的情况下，而忽略社保头寸是目标日期基金的主要缺陷。假定社保受益人账户上持有40万美元的100％比例的股票投资市值，但考虑到其在退休后可以获得40万美元的退休金，则他的股债投资比例下降到50％。

3.问：仅投资于红利股的市值加权指数基金怎么样，会优于总体市场表现吗？

答：长期看、价值股，红利股和小盘股比总体市场表现得更好，但也有长达20～25年的时间里是恰恰相反的。

为了多获取红利收益，而超配高分红的股票，是无可置疑的，但也会面临市场偏离的风险，尽管历史上很多策略表现得很好，但历史不总代表未来。

我刚好开始在一个小型慈善基金中买入了先锋高红利指数基金，因为这个基金需要分红收入，但也要考虑对成长型基金的配置，因为有时这些基金的表现会好很多。

回顾 2000 年泡沫破裂前狂热的市场,成长股持续 10 年优于价值股,大盘股持续 15 年优于小盘股,在更早期的市场中所持续的时间更长,所以,切勿让自己过于执迷于当前市场趋势中。

4.问:您如何看待 French-Fama 因子模型?

答:因子没有问题,从 1926 到 2014 年近 90 年的数据显示,价值和小盘因子优胜,但过去是否代表未来,我对此表示谨慎。

想想看,如果每个人都认为价值和小盘因子具有超额收益,他们就会去追捧价值和小盘股,同时卖出成长和大盘股,从而两者的相对价格会大幅偏离。而市场总是存在套利机制的,我愿意打五块钱的赌,未来 20 年大盘和成长因子会反转。

5.问:您曾经说过总有投资者是贪婪的,所以市场是不可能完全指数化的,您认为指数投资者的比例最高能到多少?

答:老实说,我不知道是否会有所谓的顶点,但实际数据证明指数投资比例的提升是一种趋势,越来越多的投资者感知到这一点,越来越多的媒体和记者在宣传这一点,晨星数据和学术界对此也均无异议。只要更多的投资者、更多的商学院教授、更多的金融投资论文在阐述这一事实,指数投资就会继续增长。

未来指数基金的增速会慢下来,自《指数》杂志创立以来的 15 年,指数基金在权益类共同基金中的占比由 9% 上升到了 32%,到 2030 年也许会到 40%,或 45%,大概每年增长 0.5 到 1 个百分点,也就是说指数投资占比达到 50%,可能是在 2040 年或者 2050 年吧。

增速会趋缓,但不会负增长,我实在看不到有什么因素会令指数投资失效,它会一直有效。

6.问:2008 年金融危机对指数投资是有利还是有害?

答:当然是有利。指数基金市场份额从 2007 年的 19% 提升到了 2010 年的 25%,相反,主动基金从 81% 下降到了 75%。

我认为,投资者购买了主动管理基金,往往暗含了认为基金经理能够通过主动管理规避市场风险,但没人认为指数基金会提供下跌保护。指数基金所能给的是合理透明的市场回报,不管市场是涨是跌。

7.问:自 1976 年发行第一只指数型共同基金以来,您有没有自我推翻的观点?

答:没有,从来没有。我们 1976 年开始指数业务,在当时看来算是另类产品了,当时也没有人关注指数投资。1970 年标普 500 指数战胜了 89％的大盘混合基金,1973 年和 1975 年的比例大约是 75％,我们知道高胜率并不会一直持续的,在随后的两三年,指数收益只超过 26％的大盘混合基金。

但事实上,这些数据并不是很有说服力,很多战胜标普 500 指数的基金是小盘基金,或价值基金,这些基金相对于指数存在很高的风险偏离和风险暴露。

## (三)巴菲特与对冲基金的"十年赌局"提前结束

2008 年,巴菲特和对冲基金普罗蒂杰立下一个十年慈善赌局,赌金为 100 万美元,赌约为 2008 年到 2017 年标准普尔 500 指数基金将会跑赢普罗蒂杰公司的 5 只对冲基金组合(见图 9-1)。

赌局开始之后的 4 年,巴菲特一直落后,尤其是在糟糕的第一年,2008 年他支持的标普 500 指数基金,因为金融危机的不利影响,暴跌了 37％,起跑就大幅落后于对冲基金。直到 2012 年,标普 500 指数才创出危机后的新高,巴菲特也终于取得领先地位,以 8.69％比 0.13％的业绩半程领先。

7 年后,Ted Seides 基金的收益率为 19.6％,而标普 500 指数收益达到了 63.5％,对冲基金落后指数基金 43.9 个百分点。2015 年 2 月 12 日,Ted Seides 宣布提前认输,巴菲特赢得了这场原本 10 年的慈善赌局。

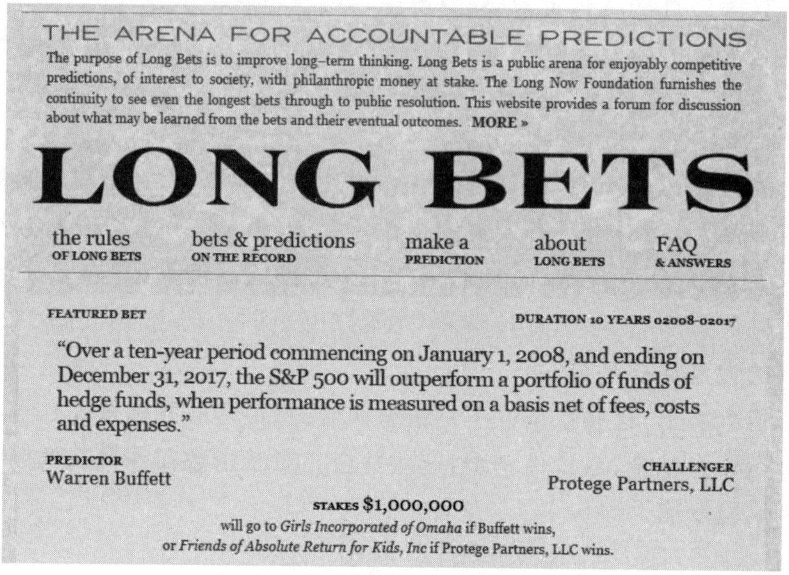

**图 9-1 巴菲特与对冲基金的赌约**

来源:http://longbets.org/

关于落败的原因,Seides 认为关键原因之一在于对冲基金高昂的手续费:大约有一半归因于此,另一半是由于别的原因造成,如金融危机爆发后美联储的超低利率政策史无前例。

而我们认为,指数基金获胜正是其长期投资的魅力所在,也是巴菲特以其 50 年投资经验,多次力荐指数基金的根本所在。

附　录

## 中国指数投资大事记

1.指数

• 1991 年 4 月 4 日，深证综合指数开始发布，反映深圳证券交易所上市证券价格的综合变动情况以及市场整体走势。

• 1991 年 7 月 15 日，上证综合指数开始发布。

• 1995 年 1 月 23 日深证成分指数正式发布，包括 2 条 A 股指数和 1 条 B 股指数，A 股指数包含深证成指（价格指数）、成分 A 指（收益指数），是中国证券市场中历史最悠久、数据最完整、影响最广泛的成分股指数，兼具价值尺度与投资标的功能。

• 2002 年 7 月 1 日，上证 180 指数正式发布，反映沪市概貌和运行状况，兼具代表性和投资性。

• 2003 年 1 月 2 日，深证信息公司发布第一只定位投资功能的指数——深证 100 指数。

• 2005 年 4 月 8 日，沪深 300 指数由沪深证券交易所联合发布，作为反映沪深市场整体走势的跨市场指数，能够作为投资业绩的评价标准，为指数化投资和指数衍生产品创新提供基础条件。

• 2006 年 1 月 24 日，中小板指数正式发布，以反映中小企业板股票的综合状况。

• 2010 年 6 月 1 日，深圳证券交易所正式编制和发布创业板指数，以更全面地反映创业板市场情况，向投资者提供更多的可交易的指数产品和金融衍生工具的标的物。

• 2015 年 3 月 18 日，全国中小企业股份转让系统（即新三板）正式发布新三板成分指数（指数代码：899001）和新三板做市成分指数（指数代码：899002），指数计算均采用流通股本加权法和 85％市值覆盖标准，以反映新三板和新三板做市板块的行情状况。

2.指数公司

• 1996 年 10 月 25 日,深圳证券信息有限公司成立,为深交所下属企业,经深交所授权,负责"深证"系列指数的规划设计、日常运维和市场营销等业务。

• 2005 年 8 月,中证指数有限公司成立,由上海证券交易所和深圳证券交易所共同出资,主要从事证券指数及指数衍生产品开发服务。

3.指数基金

• 2002 年 11 月,国内第一只指数基金,也是第一只指数增强型基金——华安上证 180 指数增强型证券投资基金成立。(注:已于 2006 年变更为华安 MSCI 中国 A 股指数增强型证券投资基金)

• 2003 年 9 月 30 日,首只深市指数基金——融通深证 100 指数基金成立。

• 2003 年 10 月 25 日,首只指数增强型债券基金——长盛中信全债指数增强型债券投资基金成立。

• 2004 年 12 月 30 日,首只 ETF——华夏上证 50ETF 成立。

• 2005 年 5 月 12 日,首只指数型 LOF 基金——融通巨潮 100 增强成立。

• 2005 年 8 月 29 日,首只沪深 300 指数基金——嘉实沪深 300 指数基金成立。

• 2009 年 10 月 14 日,首只指数型分级基金——国投瑞银瑞和 300 指数分级基金成立。

• 2010 年 4 月 29 日,首只跨境指数基金——国泰纳斯达克 100(QDII 指数)成立。

• 2011 年 5 月 17 日,首只 LOF 型债券指数基金——南方中证 50 债券指数证券投资基金(LOF)成立。

• 2012 年 5 月,首批跨市场 ETF——嘉实沪深 300ETF 和华泰柏瑞沪深 300ETF 成立并上市。

• 2012 年 8 月 9 日,首批跨境 ETF——易方达恒生中国企业指数

ETF(易方达恒生 H 股 ETF)和华夏恒生 ETF 成立,分别在上海、深圳交易所上市。

• 2013 年 7 月 18 日,国内首批黄金 ETF——华安黄金 ETF 和国泰黄金 ETF 及其联接基金成立。

• 2014 年 10 月 30 日,首只大数据指数基金——广发中证百度百发策略 100 指数型证券投资基金成立。

4.指数衍生品

• 2010 年 4 月 16 日,中国金融期货交易所推出国内首只股指期货——沪深 300 指数期货。

• 2011 年 12 月 5 日,ETF 基金首次被纳入融资融券标的范围。

• 2015 年 2 月 9 日,我国第一个股票期权试点上证 50ETF 期权上市。

# 参考文献

［1］ 宋曦、何天翔:《海外共同基金新宠:130—30 基金》,2008 年。

［2］ 宋曦、何天翔:《130—30 基金跟踪研究之一——来自理论和实务的声音》,2009 年。

［3］ 何天翔:《ETF 新生代:杠杆及反向型 ETF》,2010 年。

［4］ 何天翔:《基本面指数的全球发展与 A 股前景》,2009 年。

［5］ 国金证券:《国金证券场内基金产品专题报告》,2014 年。

［6］ 深圳证券交易所:《深交所 ETF 风险管理指引》,2010 年。

［7］ 晨星网:《富达基金的新举措》,2012 年。

［8］ 林飞:《指数化投资理论、方法及实证研究》,2003 年。

［9］ 日兴资产管理公司:《日兴资产管理有限公司的日本股指数增强型策略》,2009 年。

［10］ 中证指数:《Smart Beta 策略指数》,2014 年。

［11］ Frino, Gallagher, Oetomo. Do Enhanced-Return Index Funds Show Excellent Management Skills? New Evidence from a Bootstrap Analysis,2005.

［12］ Joel Dickson. Vanguard enhanced equity:stock selection, risk control. Vanguard Quantitative Equity Group,2007.

［13］ Jianmin Jia,Gregory W.Fisher,James S.Dyer. Attribute Weighting Methods and Decision Quality in the Presence of Response Error: A Simulation Study, weighting method. *Journal of Behavioral Decision Making*, 1997.

[14] David L. Ikenberry, Richard L. Shockley, Kent L. Womack, Why active fund managers often underperform the S&P 500: the impact of size and skewness.

[15] Frank J. Fabozzi, Sergio M. Focardi, Caroline Jonas. Challenges in Quantitative Equity Management. CFA Institute Research Foundation, 2008.

[16] Srikant Dash, KeithLoggie. Equal Weighted Indexing — A Critique of S&P's Study. www.advisorperspectives.com, 2008.

[17] 2012 Investment Company Fact Book. http://www.icifactbook.org, 2013.

[18] ETF landscape industry review h1 2011. www.blackrock.com, 2011.

[19] Rydex S&P Equal Eeight ETF. www.rydexinvestments.com/etf, 2008.

[20] MSCI GDP Weighted Indices. An Alternative to Market Capitalization Weighted Indices for Global Markets. www.mscibarra.com, 2009.

[21] PIMCO_Global_Advantage_Bond_Index. www.pimcoindex.com, 2011.

[22] MSCI Barra Equal Weighted Indices Methodology. www.mscibarra.com, 2008.

[23] Dale H. Coates. Why Index When You Can Enhance? http://www.johnsoninstl.com, 2008.

[24] http://www.cnindex.com.cn.

[25] http://www.csindex.com.cn.

［26］ http://finance.sina.com.cn/money/fund.

［27］ http://www.claymore-group.com.

［28］ http://www.researchaffiliates.com.

［29］ http://www.pimcoindex.com.

［30］ http://us.spindices.com.

［31］ http://www.ssga.com.

［32］ https://www.vanguard.com.

［33］ http://www.ishares.com.

［34］ http://www.blackrock.com.

［35］ http://www.morningstar.com.

［36］ http://www.johnsoninstl.com.

［37］ SSgA,Beyond Active and Passive:Complete Guide to Advanced Beta,2014.

［38］ http://www.swfiinc.com,SWFI Survey of Public Funds Shows Strong Interest in Smart Beta,2014.

［39］ WisdomTree Research,WisdomTree and Smart Beta,2014.

［40］ Northern Trust,Customised Beta:Changing Perspectives on Passive Investing,2012.

**图书在版编目(CIP)数据**

指数投资/何天翔著. —2 版. —厦门:厦门大学出版社,2016.8
ISBN 978-7-5615-6026-6

Ⅰ.①指⋯　Ⅱ.①何⋯　Ⅲ.①股票指数期货-基本知识　Ⅳ.①F830.91

中国版本图书馆 CIP 数据核字(2016)第 077117 号

| | |
|---|---|
| **出 版 人** | 蒋东明 |
| **责任编辑** | 吴兴友 |
| **装帧设计** | 蒋卓群 |
| **责任印制** | 吴晓平 |

**出版发行** 厦门大学出版社

| | |
|---|---|
| **社　　　址** | 厦门市软件园二期望海路 39 号 |
| **邮政编码** | 361008 |
| **总 编 办** | 0592-2182177　0592-2181406(传真) |
| **营销中心** | 0592-2184458　0592-2181365 |
| **网　　　址** | http://www.xmupress.com |
| **邮　　　箱** | xmupress@126.com |
| **印　　　刷** | 厦门市明亮彩印有限公司 |

| | |
|---|---|
| **开本** | 720mm×1000mm　1/16 |
| **印张** | 15.75 |
| **字数** | 220 千字 |
| **插页** | 2 |
| **印数** | 1～2 000 册 |
| **版次** | 2016 年 8 月第 2 版 |
| **印次** | 2016 年 8 月第 1 次印刷 |
| **定价** | 49.00 元 |

本书如有印装质量问题请直接寄承印厂调换

厦门大学出版社
微信二维码

厦门大学出版社
微博二维码